叢書・ウニベルシタス　252

知覚の本性

初期論文集

モーリス・メルロ＝ポンティ
加賀野井秀一 編訳

法政大学出版局

知覚の本性／目次

知覚の本性に関する研究計画

神経学、実験心理学（特に精神病理学）、および哲学の現状において、知覚の問題、とりわけ自己身体の知覚の問題を捉え返してみることは有益であると思われる。

批判主義的な発想をもつ或る学説によれば、知覚は、広がりをもたぬ所与（すなわち「感覚」）を関係づけ、結局はそれらが一つの客観的世界を構成するように説明づける知的操作であるとみなされている。このように考えられた知覚は、不完全な科学の如きものとなり、間接的な操作だということになる。

ところがこれに対し、ドイツの「ゲシュタルト」学派が追究している実験的な諸研究によれば、知覚は知的な操作ではなく、そこではバラバラな素材と知的な形式とを区別することが不可能であって、「形態《ゲシュタルト》」は感性的認識そのものの内にあり、伝統的心理学のもとでのバラバラな「感覚」なるものは根拠のない仮説だということになりそうである。

　他方では、神経学の発達で神経系の役割が明らかになり、次第に、その機能はもはや「思惟の仕上げ」の機能ではなく、神経流（一）の「伝導」の機能であると考えられるようになってきている。こうした考え方のおかげで、神経学者は、解剖学的局所に心的機能の複写を求める必要がなくなり、その意味で心理学は「並行論」から解放されることになるのだが、同時にこの考え方によって、神経系が誘発の機能として持ち、あらゆる知覚に伴うにちがいない「起こりかけている運動《ムーヴマン・ネッサン》」（二）の役割も明確になるのである。このようにして知覚は「運動枠《カドル・モトゥール》」（三）の内に置き直されることになる。視覚的所与と触覚的所与と筋感覚的所与との対応関係は、批判主義的発想によれば、記憶と判断という知的活動によって成り立つとされるが、それに対してここでは、神経系の作用そのものによって保証されているように思われる。そして心理学者はここでもまた、「感官の訓練」により視覚的所与が次第に触覚的所与に連合し、広がりをもたぬ感覚から成る世界がかさばりをもった空間に転ずる、などと想像することもあきらめねばなるまい。

　特に「自己身体の知覚」に関する最近の文献（四）は、もっとよく検討してみる必要があるだろう。一般に、感性的認識の素材と形式とを区別することは困難であると思われるが、そうだとすれば、自己身体の知覚になるとその困難はさらに大きくなり、感覚は明らかに広がりを伴うように思われる。精神

病理学が提起する多くの問題の中でも、肢体切断者の幻影の問題は捉え返してみる必要があるだろう。(五)

こうした指摘が正確な資料的研究で裏打ちされるならば、それによって、知覚についての古典的な考え方がもつさまざまな公準は再検討を迫られることになるであろう。ちょうど英米系の実在論哲学でも、感覚的なものや具体的なものの内には、知的関係に還元しえぬもののあることが一再ならず強調されている。(六)知覚の世界は科学の世界に同化しえないように思われる。

要するに、哲学の現状において必要なことは、知覚の問題をめぐる実験心理学と神経学とのさまざまな成果の綜合を試み、反省によってその正確な意味を限定し、そしておそらくは、現行のいくつかの心理学的および哲学的概念を鋳直すことであるだろう。

知覚の本性

最近、次のような哲学的・実験的諸研究が進歩したために、知覚に関する新たな研究が必要となってきたようである。すなわち、

——特にドイツにおいて、新しい多くの哲学が現われてきたこと。これらの哲学は、心理学においても知覚の哲学においても、当時まで支配的であった批判主義的な指導理念の数々を疑問に付している。

——神経生理学が発達したこと。

——精神病理学と児童心理学が発達したこと。

——そして最後に、知覚に関する新しい心理学（ゲシュタルト心理学）がドイツで進歩してきたこと。

今年度に手がけたさまざまな研究を通じ、私には次第に〔知覚に関する新たな研究を行なう〕この試みが正当なものであると思われるようになってきた。それというのも、アランの知覚理論に影響を

与えたラシュリエ（『プラトナー批判』）やラニョー（『名講義集《セレーブル・ルソン》』所収の「知覚に関する講義」）のあれこれの分析以来、たとえばデュレの二冊の学位論文（『知覚における信念の実践的諸因子』および『知覚の対象』アルカン社、一九二九年）のようにフランス語圏で刊行された著作類は、ドイツ語圏での最近の諸研究をほとんど考慮に入れていないからである。

I　知覚の生理学と病理学

しかしながら、知覚に関するこうした研究には、神経系の生理学によっても精神病理学によっても着手できそうにはなかった。かつて私は、これら両学説が「投射」と「連合」との関係を明らかにすることによって、感性的認識と知性との関係をも明らかにしてくれるに違いないと思っていたのである。だが、C・フォン・モナコフの見解（モナコフとムルグの共著『神経学および精神病理学の研究のための生物学的序論』におけるレジュメ）や「変動的定位《ロカリザシオン・クロノジエーヌ》」という概念が実験に指導理念を与えているのだとしても、大脳生理学が知覚心理学を明らかにするに足るほどの個別的研究は、まだ生み出されていないように思われる。H・ピエロンの総括的な著作（『脳と思考』）が、「投射」に関しては実に厳密でありながらも、連合のさまざまな現象とそれらの投射領に対する関係については仮説的な報告しかできていないということは示唆的である。

少なくともフランスにおいては、病理学もまた手がかりを与えてはくれない。P・ケルシーの学位論文（『幻覚研究』第二巻の「臨床」アルカン社、一九三〇年）も、幻覚は対象なき視覚なのか、それとも単に、信念の退行によってひき起こされた「態度」なのかという——われわれにとって本質的な——問題には、結局のところ答えていない。それゆえこの論文の中には、正常な知覚が自然のままの所与であるとする心理学か、あるいは逆に、正常な知覚はあらゆる精神活動に関わってくる構築物であるとする心理学か、そのいずれにくみすべきかという見通しは得られないのである。H・ワロンの学位論文（『児童における精神運動的および心的発達の段階と障害』一九二五年——以後は『騒々しい子供』という題で刊行されている）もまた、別の点において、決定的な方向づけを与えることはできない。彼は病理学的方法によって、正常な発達を主観的なものから客観的なものへと構成し直している。だが外部知覚は「感覚＝運動的段階」ではまだ存在していないように思われるが、それの直後に続く「投射段階」では出来あがっているらしく、その起源は隠されたままになっている。それというのもこの投射段階なるものは、或る種の癲癇気質からの類推によってしかわれわれには知られないものだからである。癲癇性の幼児の世界は不安定性や不統一性に動かされており、幼児の専制的な活力の内に巻き込まれたようでありながらも、やはり一つの世界ではあり、あるいはむしろ外的事物のマッスなのであって、それゆえわれわれは、この外在性の起源に立ち合うことはできなかったのである。

しかしながら、神経生理学と病理学も、次の二点については非常に重要な情報を提供してくれるにちがいない。一つは「定位反射」(ピエロン)に関して、もう一つは立体感覚失認、さらに一般的に言えば失認に関してである。だが、損傷の性質が特にその傷害を定位するのに好都合な症例ですら(ゲルプおよびゴルトシュタイン『脳病理学的症例の心理学的分析』第一巻第一章の弾丸もしくは砲弾破片による損傷の症例)、それは推測によって、観察可能な感覚的もしくは心的障害から、もっともらしく見えるだけの定位が行なわれているのだということが気づかれねばならない。ゲルプとゴルトシュタインは、そこから、いかなる生理学的説明よりもまえに行なうべき最初の作業は、当の病的行動にできるかぎり正確な記述を与えることであると結論づけている。だが、患者の意識を分析するためになすべき実験は、明らかに、正常な知覚を扱う心理学の指導理念から想を得たものとなるだろう(ゲルプとゴルトシュタインの場合には、ゲシュタルト心理学の指導理念からであった)。それゆえわれわれは、正常な心理学に連れ戻されることになるのだが、この心理学の見解が病理学的諸事実によって厳しく点検されることは覚悟のうえである。

Ⅱ　知覚の哲学

ところで、知覚の心理学は、感覚や心像、永続的存在と考えられた記憶などの、見かけはまるで罪のなさそうな概念とともに忍び込んでくるさまざまな哲学的先入見を背負いこんでいる。たとえわれわれに知覚の最終的な諸問題——感性的認識における真理の意味——を問うつもりはないとしても、知覚の哲学に拠らずしては心理学的問題の解明も完全なものとはなりえまい。それゆえ、本年度のわれわれの研究の一部は知覚の哲学にあてられてきた。

フッサールの現象学はわれわれにとって、二重の興味をそそるものである。——一、フッサールがそれに与えた厳密な意味にとるならば、現象学（超越論的現象学、もしくは「構成的」現象学）は一つの新しい哲学である。この哲学にとって第一の問題は認識の問題ではないのだが、それでも、批判主義とは全く異なった認識論をもたらすことになる（E・フィンク「現代の批判にさらされたフッサールの現象学的哲学」『カントシュトゥディエン』一九三三年[1]）。

二、フッサールは心理学に関心を示さないと言われる。だが実際には彼は、「心理学主義」に対する以前からの批判を固持し、相変わらず「還元」に固執しているだけなのである。この還元によってわれわれは、あらゆる実証科学の態度であるとともに心理学の態度でもある自然的態度から、現象学的哲学の態度である超越論的態度へと移行する。この態度の違いだけでも、たとえば知覚の現象学的分析と、同じ主題にかかわる心理学的分析との間にきっぱりとした区別を打ち立てるには十分だというのである。

けれども、彼自身が知覚のまさしく心理学的な分析例を与えてくれているのみならず（『純粋現象学および現象学的哲学の構想《イデーン》』第二部）、フッサールは、現象学と心理学との関係をはっきりと数学と物理学との関係にたとえており（同書、第一部第二章）、自己の哲学の進展によって心理学の原理が刷新されるものと期待している（『イデーン』第一、第二部およびフィンクの前掲論文参照）。とりわけ現象学的な分析、たとえば『年報《ヤールブーフ》』に発表されてきたような記憶やイマージュの分析（たとえばフィンク「現前化作用と像《ビルト》」『哲学および現象学的研究のための年報《ヤールブーフ》』一一号）は、心理学にとっても無意味なものではあるまい。

しかしながら、そうした現象学的分析がいささかも心理学にとってかわろうとするものでないということは、強調しておく必要がある。この革新は侵犯ではない。大切なことは、心理学をそれ自身の地盤の上で革新することであり、「表象」「記憶」といった基礎的な本質事のいつも不確かなままであるような意味を確定してゆく分析によって、心理学自体の方法を活気づけることなのである（リンケ「運動把握の問題に関する現象学と実験」『年報』二号、同著者の『知覚理論の基礎』ミュンヘン、一九一八年）。

現象学は「形相的」方法と「帰納的」（すなわち実験的）方法をはっきりと区別するが、決して後者の正当性を認めないわけではない。

それゆえ、現象学運動が実験的研究に着想を与えたとしても驚くにはあたらない（たとえば、リンケ「ストロボスコープ錯視と運動視の問題」『プシヒョローギッシェ・シュトゥーディエン』三号、四九九ページ）。フッサールの行なったさまざまな分析は、ゲシュタルト心理学の出発点にまで達していると主張する人さえあった（ギュルヴィッチ「主題化と純粋自我の現象学」『プシヒョローギッシェ・フォルシュンク』一九二九年）。結局のところ、すべての「記述的」心理学までが、非常に広い意味においては現象学と呼ばれることになるのである。[七]

心理学に対する現象学運動の重要性は、フランスではプラディーヌ氏による以外ほとんど指摘されてはいない（『感覚の哲学』第一巻、特に「序論」）。彼は、ヒュームからベルクソンに至るまでの哲学者たちが、あまりにも頻繁に意識を「印象」の総和（カントにおいてさえ、認識の少なくとも「素材」はこの種のものである）に還元してきたといって非難している。したがって、これらの哲学者たちの主だった人々において、空間性や、一般に「意味《シニフィカシオン》」といったものは二次的なものであり、意識の内で獲得されることになる。ところがプラディーヌ氏にとっては、感情と混じり合った感覚と——その感官の構造において——本質的に異なった高次の感覚が出現するなどということは、もしもそれらの感覚に初めから「距離をおいた感覚」であるとか、われわれに一つの「対象」を示すものだとかいったことが属しているのでなければ、生物学的には不条理となってしまうにちがいない。この感覚の哲学は、フッサールによって提起された「意識の志向性」という主題の心理学的応用とみなされうるものであろう。

それゆえ、現象学と、現象学に想を得た心理学とは、われわれが意識や感覚という概念そのものを再検討し、意識の「裂け目」を別の形で考えることを助けてくれるという点で、最も注目に値するものなのである。

III　知覚の心理学

しかしながら、今年度のわれわれの研究の大半はゲシュタルト心理学にあてられた。従来の心理学では、意識への第一与件は感覚であるということが公準になっており、この感覚は感官の局所的な刺戟に一対一で対応し、与えられた刺戟は常に同じ感覚を生じるという風に考えられていた（恒常仮説、ヘルソン「知覚理論の研究、第一章、無記＝文脈説」『サイコロジカル・レヴュー』一九三二年一月号――ケーラー『ゲシュタルト心理学』ニューヨークおよびロンドン、一九二九年、参照）。これらのいわゆる「所与」から、われわれが実際に知覚している諸事物の光景へとたどりつくためには、記憶・知・判断などによる感覚の「練り上げ」が――「形式」による「素材」の練り上げが――主観的な「モザイク」（ヴェルトハイマー）から対象物の世界への移行が想定されねばならなかった。今われわれがとりあげている学派では、従来の心理学が解釈や判断に帰するものを、一部分は「ゲシュタルト」と呼ばれる心理学的因子によって説明している。「ゲシュタルト」とは感覚野の自発的組織化であり、いわゆる「諸要素」を「全体」に依存させるものであって、その全体もまたそれ自身がもっと大きな全体の中に分節化されているということになるのである。この組織化は、異質な素材の上に置かれる一つの形式などといったものではない。形式のない素材などはなく、あるのはただ、多少とも安定し多少とも分節化した組織だけである。だがこれらの定義は、二つの主要な方向に進められるべき実験的研究の抽象的な要約でしかない。

1　対　象

われわれが日頃知覚しているものは、さまざまな性質のモザイクなどではないが、はっきりとした対象の全体である領野の一部分をこのように切り離して識別させるものは、伝統的心理学によれば、それ以前のいろいろな経験の記憶であり、知であることになっている。だがゲシュタルト心理学にとって対象は、その対象の「意味《シニフィカシオン》」（meaning）によって浮き彫りにされるのではなく、対象がわれわれの知覚の内に「地の上の図」という特殊な構造を持つからこそ浮き彫りにされるのである。「図」構造を生み出すのに――意志や知性に依存せぬ――必要かつ十分な客観的諸条件も決定されている（たとえば、いくつかの点が一つの図、一つの布置として見える最高かつ最適の距離――ヴェルトハイマー）。またこの構造自体も分析され、たとえば弁別閾は図の色よりも地の色の方で高くなるという具合に、いくつかの感覚的特性によって定義されている。――ゲルプとゴルトシュタインによれば、感覚に見合った記憶の「投射」不能として説明されていた或る種の精神盲は、むしろ右に示した構造化過程の混乱だということになるであろう。

（W・ケーラー『ゲシュタルト心理学』全一巻、八折版、ロンドンおよびニューヨーク、一九二九年。――「ゲシュタルト心理学の一局面」（C・マーチソン『一九二五年の心理学』所収）。「ゲシュタルト心理学の課題」（C・マーチソン『一九三〇年の心理学』所収）。――K・ゴットシャルト「形態知覚への経験の影響について」『プシヒョローギッシェ・フォルシュンク』八号、一九二七年。――ザンダー「ゲシュタルト心理学の実験的成果」第一〇回実験心理学会議での報告、一九二七年。――ゲルプとゴルトシュタイン前掲書。）

この「図と地」の構造自体は、感覚野の自発的組織化の一特殊例でしかない。素朴な知覚は一般に、孤立した項よりもむしろ――目に見える関係であって考えられただけの関係ではないような――関係によって左右されるものだと言わねばならないのである（ケーラー『チンパンジーとニワトリにおける単純な構造機能の実証』一九一八年）。こうした見方はウェーバーの法則[八]を理解しやすくしてくれるし、そのみかえりとして、そこから次のような事実の確証も得られることになる。すなわち、刺戟の連続的変化に対応する意識変化の非連続性は、いくつかの構造法則（平均化法則、強調化法則）から理解され、結局それは、ヴェルトハイマーによって確立された「プレグナンツ[九]」の一般法則の一特殊例だということが分かるのである（コフカ「知覚——ゲシュタルト理論序説」『サイコロジカル・ブリティン』一九号、一九二二年。ザンダー、前掲書）。

2　空間と運動

空間知覚は主知主義が煩雑をきわめるような特別の場である。たとえば或る対象までの距離は、みかけの大きさや網膜像間の差異などさまざまの記号に基づいた瞬間的な判断に帰せられ、そこから、その対象に触れるためにわれわれが歩かねばならない歩数が導き出されるということになる。空間はもはや視覚対象ではなく、思惟対象となるのである。ところが、「視像間の差異」に関するきわめて意義深い或る研究（コフカ「空間知覚の諸問題」『一九三〇年の心理学』所収）は、たとえ視像間の差異が奥行知覚の一条件であるとしても、それは判断の契機ではなく、或る神経過程の原因なのであり、われわれはその神経過程の意識的結果を奥行印象の形でしか認識しないのだということを認めさせてくれる。実際、奥行知覚はこれまで述べてきたものと同じ構造をもつ現象なのである。そのことをとりわけよく示しているのは、近くにある物のはざまから遠くにある物を見る場合、周囲の場の色を変えることによって、意のままに奥行視を生じさせたり消滅させたりできるという事実である（二〇）（コフカ、同書。チューダー＝ハート「透明視の研究、形と色」『プシヒョローギッシェ・フォルシュンク』一九二八年参照）。そしてここでもまたゲシュタルト心理学は、それ以前に得られていたさまざまの重要な研究結果、すなわち、知覚における一種の質的空間の存在を明らかにしていたシューマンとその学派の研究結果を解釈できる状態にある（シューマン、フックス、カッツ、イェンシュ、デ・カルピンスカ他、『感覚器官についての心理学・生理学雑誌《ツァイトシュリフト》』所収）。これらの研究はラヴェル氏の著作（『奥行に関する視知覚』ストラスブール、一九二一年）に何らかの影響を与えはしたし、プラディーヌ氏はそれらの書誌を作成したが、こうした研究そのものはフランスでは知られぬままであり、R・デジャン嬢の学位論文（『視覚における距離の心理学的研究』パリ、一九二六年）もまた、距離が視覚に内属していることを立証しようとしているにもかかわらず、それらの研究を考慮に入れてはいない。人々は目に見えているものを常に網膜の上に描かれたものによって判断していたので、そしてそこにおいては、奥の方へと間隔を保って並んでいる多くの点が一つの面の上に投影されるわけだから、主体は、奥行を再構成し、奥行があるという結論を引き出すのであって、それを見ているのではないと考えられねばならなかった。その反対に広さや高さの直接的な知覚においては、同じ理由からして、難しい事態に逢着することはなかった。

ところが今やわれわれには、もはや奥行を派生的でおそまきなものと考える理由はないのである。おそらくそこには、表面知覚よりもさらに単純な知覚様式を見ることとさえしなければなるまい。ゲルプとゴルトシュタインは、表面色の視覚が比較的不安定な組織化であって、或る種の病理学的症例においては簡単に変化し、「厚みをもった」色の視覚に場をゆずるということを教えている（前掲書、第一巻、三三四〜四一九ページ、「表面色知覚の欠落について」）。色は、あいまいになればなるだけ厚みを増すのである（明確さ——より厳密に言えば迫力度 Eindringlichkeit ——と見かけの厚みとの関係については、アッカマン『プシヒョローギッシェ・フォルシュンク』一九二四年およびチューダー＝ハートの前掲書を参照）。

さらに、高さや広さに即して行なわれるわれわれの空間知覚に関する研究からは、すでに構造のさまざまな現象が明らかになっていた。従来の心理学の語るところでは、「垂直」「水平」「斜め」といった特徴は、われわれの網膜の子午線とかわれわれの頭や体の軸などへの準拠を頭の中で行なうことによって、視野の内のさまざまな線に与えられるものであったが、ヴェルトハイマーにとっては逆に、われわれの感覚野の重要地点（「投錨」点）は「空間的基準」のようなものを決定し、感覚野のさまざまな線は判断にも比較にもよらず、即座に「上方」「下方」といった指標を割当てられるのである（「運動視の実験研究」補遺、『感覚器官についての心理学・生理学雑誌』一九一二年）。実験によって均衡のくずれやその基準の変化が測定され、そのような場合に、知的操作や照合体系の変化などは少しも関係していないことが確かめられている。

さらにヴェルトハイマーは、一連の実験によって、「ストロボスコープ的」と呼ばれる運動の内に「純粋運動」すなわち動体のない運動を見出している。(二二) それゆえわれわれの運動知覚は、知覚されているただ二点の間に開いてゆく距離を概算したものであるというような、物理学者が定義するような運動とみなすわけにはゆかないのである。強調しておかねばならないのは、この分析においてもこれまでの分析においても、ゲシュタルト心理学者たちのすべての関心が向けられているのは、彼らの原理によって可能とはなるが他の人々には説明のつかないような多くの実験だということである。「一種独特のもの」(ヴェルトハイマー、前掲論文)を性急に援用するようなところからこれほど遠いものもないだろう。

以上の考察が「ゲシュタルト心理学」による知覚空間の分析を論じ尽くしているなどというつもりはない。ここでわれわれは特に、ゲシュタルト心理学が伝統的題目の下に提出してはいるが、その実は新たな所見であるようなものをとりあげてきたのである。だがこの心理学はまた、新しい主題を切り開いてもきた。たとえば、われわれの知覚に固有の自然的な静力学という主題がそれである(ケーラー『類人猿の知恵試験』)。

3　ゲシュタルト心理学と児童心理学

ごく最近のさまざまな研究によって確認され、とりわけ幼児におけるストロボスコープ運動の研究（メイリとトブレル「心理学アルシーヴ」一九三一〜三二年）によって確認された幼児の「癒合的知覚」（クラパレード、一九〇八年）という概念は、それとは逆の、幼児の内には細部に対する極度に敏感な知覚があるという観察記録と衝突した。ゲシュタルトの概念は、この二系列の観察のいずれにも正当な評価を与えてくれるように思われる。なぜなら（メイリ「心理学アルシーヴ」二三巻『幼児の知覚とゲシュタルト心理学』一九三一〜三二年）、癒合的知覚すなわち一様な塊《ブロック》の知覚と、並列された細部だけが存在する分析的知覚とは、一般によく考えられているほど互いに対立するものではなく、両者はともに、全体が分節され細部が組織されているような大人の構造化された知覚に対立するのである。

　幼児の知覚もやはりすでに組織されてはいるのだろうが、それなりの仕方によっている。それゆえ、ゲシュタルト心理学が精神発達に対して提出するのは、発達は単なる付加や追加によってなされるのではなく、再組織によってなされるという原理なのである（コフカ『心理的発達の基礎』全一巻、八折判、一九二一年。および『ジュルナル・ド・プシコロジー』一九二四年）。知覚に関してこの原理は、諸印象のモザイクから出発して関係づけられた諸物の世界を出現させるようなものではなく、不十分なかたちで結びつけられたり違ったかたちで結びつけられたりした全体から、よりよく分節された全体を出現させるというものなのである。こうしてわれわれは、ピアジェが行なった観察のいくつかと歩みを共にすることになる（『幼児の世界観』）。ただしそれらの観察は、ピアジェ自身の定式が常に正確にカヴァーしているとは限らない。たとえば、幼児の世界知覚は「自己中心的」であると言うにしても、この定式は、幼児の世界では大人の客観性のごく簡単な基準さえも知られてはいないのだという意味でのみ妥当するのである。だがこの大人の客観性を知らないということは、即自的に生きるということではない。それは節度なく客観性を行使することである。それゆえ、自己中心性の定式が、「自己の状態」に閉じこもった意識という古ぼけた観念を示すようなことがあってはなるまい。P・ギョームの観察（『ジュルナル・ド・プシコロジー』一九二四年）には逆に、空間に適応した行動の早熟性というものが報告されている。かつてH・ワロンは伝統的観点にしたがって、知覚の発生を内面から外面への移行として考えていたようであるが（「幼児におけるイマージュから現実的なものへ」『ルヴュ・ド・フィロゾフィー』）、その彼が最近の著作で、この主張に対し暗に留保を与えているのは意味深いことである（『児童における性格の起源』）。それというのも、彼は幼児が――三～四カ月頃（一七六ページ）、すなわち「一方の内受容領域や自己受容領域、他方の外受容領域、この両者のミエリン接合が始まるのと同時期」（一七六ページ）から――「刺戟の源の方に、運動の動機の方に向き、そこからさまざまな可能性を感じとろうとしている」ところを見たからである（一八〇ページ）。

4　ゲシュタルト心理学と認識論

意識内容についてのこの全く新しい考え方は、感性的認識論の内に重大な帰結をもたらすものであるが、そうした帰結はまだうまく導き出されてはいない。ゲシュタルト心理学の内部でもこの問題はほとんど討議されていないのである。彼らもまた、他のすべての心理学と同じ態度をとり、諸事物の世界と内在的意識との区別を採用している。意識の組織化や構造化は中枢の生理学的現象によって説明されているが（ヴェルトハイマーの「横の」現象、前掲論文参照）[一二]、しかしこの現象の存在は非常に疑わしいものなのである。ゲシュタルト心理学の外部にあって或る人が述べたところによれば、この派にとっても認識の問題は、カントに対して提出されたものと同じ用語によってたてられているということであった（ギュルヴィッチ、前掲論文）。われわれの考えるところ、目指すべきは彼らとは全く異なった解決の方向なのである。

〔巻末「引用文献一覧」参照〕

キリスト教とルサンチマン

I

シェーラーがニーチェから借用しているルサンチマンに関する記述は、[2] ジャネのいう「外傷性レミニッセンス」[一三] や、フロイトやアドラーのいうコンプレックスを想起させる。それは「生の断片」の一つ、もしくは「行動の型」の一つであり、具体的な心理学の対象となるものであろう。復讐心・憎悪・妬みなどは、それらがうまく発散されなかったり表現されなかったりする場合にのみ、またそれらが無力感という抑制力に直面する場合にのみ、ルサンチマンを生み出す。このルサンチマンによって明晰な意識からしめ出された憎悪が、ルサンチマンを抱く人を麻痺させる。彼は憎悪が現われそうなあらゆる態度、あらゆる言葉、あらゆる行為を恐れるのである。やがてそこから不安な状態が広がってくる。憎悪はまるで自己の存在理由を忘れてしまい、自己目的として存在しているかのようだ。何ものもこの憎悪を癒すことはできない。当初に抑圧されてしまった行為をもってさえも、癒すことはできないのである。ルサンチマンは何ものをも欲せず、何ごとをもなさない。以後、分析によって見出されることになるのは、このきわめて本質的な一つの態度であり、その態度を生じさせた出来事とはまるで無縁な一つの態度なのである。この態度は、このうえなくさまざまな外観をとる内容のもとで、いたるところに潜在している。(3)「動機のない」といわれる多くの行為も実は「挫折した行為」でしかなく、ルサンチマンの露出にすぎない。ルサンチマンは、うわべは平静な状態――会話や仕事――や、時には長年の友情や愛情に染みとおっていたりするものなのだ。(一四)身体は意識を模倣し、不足感・虚脱感に生理的不安がつけ加わる。もはや何ものをも目ざすことのないようなこの憎悪を、その時われわれが、己が身と己が弱さに振り向けるということもありえよう。これすなわち「自己憎悪・自己嫌悪・自己自身への復讐心」である。(4)

だが、まさしくルサンチマンは、自分を生み出しているものを弱め滅ぼしてしまうのだから、一種の治癒の観を呈し、傷ついた生体が「代償行為」を用いるように、(一五)自然緩和・自然解決へと近づいてゆく。ニーチェが言っていたように、ルサンチマンは「諸価値の一覧表の贋造」を達成するのだから、それはここに至ってほとんど創造者となるのである。わが身にかなわぬ価値から目をそらすことができないので、ルサンチマンを抱く人は、そこから解放されようとしてそれらの価値を否定する。「(彼)はもはや自己の存在や生を、力・健康・美・自由・存在や生の純粋な行使といった積極的な価値に応じて正当化することも、了解することも、実現することもできないので、つまり、弱さ・恐怖・不安・身についた卑しさなどのために、積極的な価値をもった事物や性質を意のままになしえないので、次第に彼の価値観は、あらゆる手を尽くして〈これらすべてはつまらぬものだ〉と断言するに至り、人間の救いに必要なものは現実とは全く逆の側面、すなわち貧困・苦悩・苦痛・死のみなのだとすることを考えつくのである(5)」。自分の手の届かぬものには目をふさぐこと、自分にできることのみを善や美の基準とすること、自分がもっていないからその価値を否定すること、ルサンチマンを抱く人の慰めはこのようなものであり、彼の「器質的虚構《オルガニッシェ・フェアローゲンハイト》(一六)」とはこうしたものである。諸価値の位階を覆造し、彼はこれまで崇拝してきたその一覧表を焼き捨てることによって、新しい一覧表に仕えるようになるだろう。意味深長なシェーラーの言葉にしたがえば、嘘をついてきたのもこれ限り、「このように自己を欺いている人も、もはや嘘をつく必要がなくなるのである(6)」。

この価値の転倒が非難されるのは、まさしくそれが無力さを動機とするものだからであり、新たな諸価値を積極的に認知することに対応していないからであって、これによる治癒が偽の欺瞞的な治癒となるのは、それが豊饒への還帰ではないからである。健康を失ったからという理由で患者が病気の価値を肯定する時、彼はその病気の価値を積極的に見ているわけではない。健康の価値を見ないでいることに成功しているだけなのだ。ルサンチマンを抱くようになる者は、他者の価値を自分自身にひきくらべずには認知できない者であり（一七）、「他の人々と、少なくとも同等の価値をもつ」ことを望む者である。もし、彼らと真に対等となることによってそれを達成することができなければ、彼は必然を徳となし、自分の弱さを至高の価値とすることによって――これがルサンチマンに特有のものだが――達成するようになるだろう。彼の肯定する事柄は、他のいかなる名前で呼ばれていようともまさにこの弱さでしかなく、それには反作用的な性格がそなわっている。ニーチェが言っていたが「あらゆる貴族道徳が勝ち誇った自己肯定から生まれてくるのに対し、奴隷道徳は、自分に属さぬものや自分とは異なったもの〔……〕に、あたまから〈否〉を対置する。そしてこの〈否〉こそが、奴隷道徳の創造的行為なのだ。鑑識眼のこの転倒、すなわち、自分自身に立脚せず、必然的に外部世界によって左右されることになるこの観点は、ルサンチマンに特有のものである」(7)。ただ、ルサンチマンを抱く者が真に治癒するために欠けているものは、勝ち誇った自己肯定ではなくて――これもまたもう一つの錯覚であろうから――、自分自身に耐えることであり、自分の内にある欠陥を引き受けることであり（一八）、侮辱された場合には本当に赦すことである。これらはまた、他の人々の価値を傷つけることなく、彼らがもっているすべての偉大な事柄にわれわれを快く参与させてくれる行為なのである。

II

だが、ニーチェにとってはまさしく、赦しや犠牲も「ルサンチマンの華そのもの」となる。キリスト教は、今述べてきたような二つの時期をたどるというのである。まずは奴隷状態、力や復讐やいらだちの中に自己を主張しえない人間の無力感——すなわち「貧弱な生」(一九)である。次に、主人への妬みや憎悪が精神的復讐で緩和される。それは諸価値の転倒であり、そこでは弱さが「長所」となり、無力感が「善良さ」となり、卑しさが「謙虚」となり、強制されていることが「従順」となり、臆病が「忍耐」となるのである。苦悩や貧困といったあらゆる挫折が、最大の美点であるかのように前景に現われる。生の横溢と成功とは無価値であるという宣告を受け、それにあずかる者たちは「憐れむべき、「愛してやる」べき不幸者となる。そして「奴隷が主人を感化する」ような、「やましい心」の出現が見られることになる。主人たちは自分自身の力を恥じるのである。このように、主人たちが自分自身を疑うようにしむけることこそ、無力感の中で憎悪がおさめる最大の成功であり、彼らを傷つける最も狡猾な方法であり——弱者たちの「崇高なる復讐」であった、とニーチェは考えている。

こうして「ユダヤの――世界にも例のないほど〔……〕深くかつ崇高な――復讐と憎悪とのあの樹の幹に、この憎悪から、同じように比類ない或るもの、すなわち一つの新たな愛が、あらゆる愛のかたちの中でも最も深く最も崇高な愛が〔……〕萌え出してきたのである」[8]。

シェーラーの見るところでは、ルサンチマンの分析は、さまざまな道徳を説明するために第一級の重要性をもった発見である。したがって彼には、はたしてキリスト教は生活してゆくことのできない人々にとっての自己弁明の一方法にすぎないものか否か、ということが問題になるのである。ところで、古代の哲学者たちがもっていた愛の観念を、キリスト教が転倒させているのは事実である。たしかにアリストテレスにおいては、愛は欲求もしくは欠如であり、劣等者から優越者へ、不完全者から完全者へと向かうのだが、これに反し聖アウグスティヌスにおいては、愛は「あらゆる理屈を超えて至福をもたらす」ものであり、一つの行為であって、優越者から劣等者へ、神から人々へ、強者から弱者へ、富者から貧者へと降りてゆくのである。だが愛がこのように下降してゆくのであれば、それは「あまり生命力のないもの」を目指していると言うべきなのだろうか。そうではない。全く逆に、この愛は生の過剰なのである。それは「確信と安心との堅固な感情から、安全感から、自己の存在と生との抑え難い横溢から、そしてさらに、われわれが現に在り現に所有しているすべてのもの〔……〕をも棄て去ることができるというはっきりとした感情から[9]」由来している。愛や犠牲が生に対立するものとして現われうるのは、われわれが生というものを維持体系の如く考える時だけである(二〇)。実際に観察してみると、それらはむしろ生の拡張や生の過剰であるといった考えが示されることになる。こうした視点からすれば、エゴイズムや、古代の幾人かの哲学者たちが祓いのけようとした死の恐怖こそが退行現象だということになり、また反対に、生に対する無関心がおのずから「生命的価値」をもっていることになるのである。

たしかに「キリスト教の歴史は〔……〕身体への、とりわけ肉欲に関わる事柄への蔑視という点で、戦慄すべき事象に満ちている(10)」。しかしながら、キリスト教的禁欲主義をその他の禁欲主義と混同してはならないだろう。その意味するところは身体への憎悪や蔑視ではないし、それの価値も禁欲そのものの内にあるわけではない。さしあたり精神の解放ということを語らぬまでも、キリスト教的禁欲主義は「外部からやってくる呼びかけの内にあるどんな特殊なもの(11)」に対しても、人間に自律性を確保してくれはするにちがいない。これが、なぜ宗教以外にも、たとえばスパルタ人たちの戦いや狩りに備えるための教育術の中にも、禁欲主義が存在しているのかということの理由である。純粋に生物学的な禁欲主義というものがあり、その目的は快いものから生命的なものを解放することなのである。まるで生の最大の成功とは、快楽を増すことではなく「最小限のメカニズム(12)」によって存続し成長することであるかのようなのだ。福音書自体がわれわれに「倉も納屋も持たぬ鳥たち」「紡ぎも織りもしない百合たち」「それにもかかわらず、彼らは栄華をきわめた時のソロモンよりも見事に着飾っている[13]」という喩えを与えてくれる。それゆえ生命自体の内に、生きる手段に対するごく自然な無頓着のようなものがあるのだから、[三二]キリスト教的清貧は生に対立するものではないのである。少しばかり大きいということ、あるいは、一時間でも長く生きるということが良くないわけではない。だが、生まれつきの能力において、植物や動物の生がそうした利益に執着することを知らないのと同様、キリスト教も、人間のこの小賢しく不安な知性の内に、超自然的な信頼と自発性とをもたらそうとしているのである。それゆえキリスト教が禁じているのは、まさしく、その言葉のあらゆる意味における「生の衰弱」なのである。

こうして、「新たな愛」が患者や貧者の方に身をかがめてゆくとしても、それは病気や貧困から彼らを救おうとしているからだということが明らかになる。このことはやはり、ニーチェに対して再考を促すこともできただろうと思われる明白な事実である。苦悩はそれ自体では何の価値も持たない(われわれが苦悩を引き受けるという行為のみが価値を持つ)が、この苦悩の背後にあるのは愛されている者の精神の脈動であり、彼の治癒能力なのである。この愛の行為によってその人間が、苦悩の中に溶け込んでしまわず、苦悩を知覚するのが見られることだろう。貧しい者や哀れな者への愛は不幸の数を増すことになると言い古されてきたが、そうではない。その愛はこれを減らそうと望んでいるのである。それゆえ、ニーチェがしかるべき地位を与えようとした勝ち誇った自己肯定には、たとえそこに現われている苦悩を見てとることができなくとも、これの方こそ「生の不安」[14]と呼ばれてしかるべきものだということになるだろう。しかしながらシェーラーも、金持ちたちや、「今日笑っている」すべての者たちを呪う聖ルカの福音書の、あの至福に関するくだりのことを忘れているわけではない。そこでは、貧しくなかったり、人々から高い評価を得ていたりしては、神の国に入ることができないかのようなのだ。キリスト教がルサンチマンに無縁だとしても、ここには他の訓戒よりも厳しい要求のあることがわかるだろう。シェーラーは、この聖ルカのテクストがルサンチマンに動かされているらしいと考えているのである[15](三二)。しかし福音主義者はそれ以上に、新たな生という観念や、人間が作り出したいかなる現世的な栄誉とも共通点をもたない神の国という観念を、人々の内に導き入れることを望んでいる。現世的な諸価値を嘲弄するのも、おそらく、神の前ではそれらが空しいものであることを示すためにほかならない。——福音主義者は現世的な諸価値を呪うだろうが、結局すべての問題は、はたしてそれらの否定が、福音書によれば聖性の本質となるのか否かということにかかっている。ところで、まず最初に目指されているのが至福であることを認めるためには、イエスが彼に従う人々に向かい、生について——また「今この時から」について——説いているような聖句に思いをめぐらせるだけで十分だ。富や幸福は盲目な部分を持っており、それは相当大きなものでありかねない。だがそうであるのも、富や幸福が「慰め」「堪能させ」それ以上のものを見させない場合のみである。貧困や不幸も断じて弁明にはならない。それらもまた盲目な部分を持っており、特にはなはだしいこともありうるからである。それゆえ、イエスが裕福な若者に向かって全財産を貧しい人々に与えよと命じる時、彼はその一言で、金持ちの盲目を呪わねばならないとすれば、貧しい人々をも貧困から救わねばならないということを告げているのではなかろうか。

これらの考察が正しければ、キリスト教はルサンチマンから完全にまぬがれている。なぜなら、キリスト教の行なうさまざまな否定は、或る根本的な肯定、すなわち愛の肯定の裏面だからである。愛はただ一つの掟であり、あらゆる戒律の存在理由であり真理である。(二三) 新たな愛が、通常の暴力的な反撃の――抑圧というよりむしろ――「中止」を要求するのも、それは、われわれの行為が他者の態度から独立しており、決して反作用という性格を持たないことを望んでいるからではあるまいか。またこうして新たな愛は、権力への意志という願いや勝ち誇った肯定という願いを成就しているのではなかろうか。ルサンチマンは否定でしかないために、内面の毒となる。だが、キリスト教においてまさに本質的なものは、公正な心なのである。「行為は、ちょうど樹上の果実のように、その人格の内奥で力強く練り上げられねばならない。(16)」

しかしながら、これらの考察がいかに正しかろうとも、最終的な解決という感じはしない。犠牲行為が生に対立しないとしても、それは「(キリスト者の)生活やその偶発事を本質的に超越した」[17]一つの世界の内で行なわれるのだということを、すぐさまつけ加えておかねばならない。また言うまでもなく、キリスト者の確信は、普通の人々の生命的自信とは似て非なるものである。そこでニーチェはこう言うことになる。はたしてわれわれは生と超自然的な生とを両天秤にかけて、一度に引き受けることができるのだろうか。それは二つの場合のいずれかになるだろう。ひとつは、キリスト教に超自然的な意味が保存される場合である。だがその時には詭弁を弄することなく、キリスト教は生に対立しないと言えるだろうか。あきらかにキリスト者にとっては、「生命的価値よりも高い価値に対する生そのものの犠牲」[18]が存在するのである。もうひとつは、キリスト教が実際に生物学的価値と和解する場合である。しかしそうなれば、キリスト教は生物学的価値の内にとり込まれ、それを延長し、それに依存することになる。キリスト者は苦悩や貧困を直接の目的とするのではなく、なによりもまず神の国を求めるのだということをシェーラーが示しているのももっともなことである。しかし、キリスト者が目指しているこの生は、一つの新たな生であり、もう一つの生なのだ。したがって、キリスト教はあからさまな否定から始まるのではないから、粗雑なルサンチマンのしわざではないということは明らかになる。けれども、それはまた超越的な生を求めるのだから、精妙なルサンチマンのしわざだということになりはしないだろうか。ひとえに現世的な諸価値を超えてゆこうとする意志は、「生の倦怠《タエディウム・ウィタエ》」——今日なら「現実機能」(三四)の弛緩といわれるであろうもの——や、つまるところ、現世の価値の切り下げを前提にしているのではあるまいか。

さて、それこそがニーチェの考えるところであった。キリスト教は一つの肯定として姿を現わし、その戒律もひとえに歓喜への準備たらんとしているということは、彼も認めていたように思われる。だが、このような外見を信用していては、まさにルサンチマンの術策に陥るばかりだろうというのである。彼によればすなわち、キリスト教はまずもって一つの肯定であろうと欲し、またそうだと主張するが、それというのも、もとより一つの否定でしかありえないからなのだ。なぜなら、すべての肯定的な行為は「生」に内在しており、人間の心理＝生理的なエネルギーに由来しているからである。このような生物学的一元論からすれば自然を越えてゆこうとするいかなる態度も錯覚にすぎない。唯一の実体であるこの「生」は、「もう一つの生」「新たな生」を認めないのである。しかしただ一つ問題が残っている。それは、生がどういうメカニズムによってみずからを否定するような教義をつくり出したのかということである。これは進化が、異常かつ不要でさえあるような器官を生み出し、それらの器官が進化に叛くことになるのに似ている。そしてニーチェは、生の減退を埋め合わせる「代償行為」の現われの一つとみなされるルサンチマンの発見によって、この問題を解決したつもりでいるのである。したがって、キリスト教がどのような姿を呈しているかということは、もはや問題ではない。そうではなくて、人間の心理＝生理学を越える価値の肯定が、そして必要とあればそのために人間の心理＝生理学も犠牲にされねばならないような価値の肯定が、実際に、生の付帯現象以外のものでありうるかどうか、すなわち、生の退化による異常な産物以外のものでありうるかどうか、まさにこれが問題なのである。

ここにおいてこそ、フランスの読者がシェーラーの主な著作類――まだ仏訳されてはいないが[19]――に依拠する必要が生じてくるであろう。なぜなら、この問題に答えるためには、彼の現象学と認識論とを思い起こす必要があるからだ。ニーチェのように、意識に現われるすべてのものが、生理的かつ生命的な因果性の直接的あるいは間接的な産物であると認めることは、シェーラーにとっては根拠のない公準なのである。それは、フッサールにとって経験論が一つの偏見であるのと似ている。経験論[20]は、いかなる判断も感覚的直感に依拠していることを望むのだが、それぞれの判断によって要求される直観の種類が経験論自体の性質に依存しており、その性質こそが最初に考察されねばならないのだということに気づいていない。実際の思考内容を探究しもせずに、感覚的存在以外の存在様式はないということを既成事実にするのは、徹底的であろうとするあらゆる意図にもかかわらず、経験論における偏見なのである。反省の最初の仕事は目録を作成すること、すなわち意識を記述することであり、感覚的存在に自然主義がひそかに与える優先権を与えないようにしてそれを行なうことである。また同じく、シェーラーが望んでいるように、この探究とこの認識とを意識の情動的領域や感情的領域にまで拡張するのなら、われわれは生物学的意味を持つ行為や機能に、公準によって特権的な現実性を与えないよう気をつけねばなるまい。われわれに必要なのは、意識をそれが直接に現われるがままに、つまり意識の「現象」をその本来の多様性のままに、先入見なしに記述することであろう。しかしながら、情動的生の現象学が意図するところは、記述的心理学の意図するところに還元されはしない。自然な活動は意識を世界へと、すなわち時間＝空間的存在へと向け、そこに閉じ込めてしまうものだが、その活動の「中止」(エポケー)であるあの現象学的還元は、単により忠実な内観へと至るものではない。それは、まさしく一つの新しい認識方法へと導き、そのうえで世界や自己を対象とするのである。なぜなら、時間や空間の内にとり込まれている事物や意識状態に、またそれらが受け入れる因果的説明に、もはやわれわれが根拠なしのいかなる優先権をも与えることがなくなれば、また、生きた意識における「現象」相互の分節や、それらの現象がはっきりと示す特性や関係につき従うならば、以後われわれには多くの新しい法則が明らかになってくるからである。それはもはや物理学的必然性ではなく、本質的必然性なのである……。

さて、この新たな視線を情動的意識の内容に向けるならば、われわれはそこに本質的に異なる二つの層のようなものを発見することだろう。一方は、単純な感情状態（Gefühlzustand）であって自足しており、怒り・熱狂・恍惚などがそれにあたる。また他方は、感情もしくは情動（reines Fühlen）であって、共感・愛・憎悪などがそれにあたるが、その特性は自分以外の何らかの項を目指すことであり、この意味でそれらには「志向性」が本質的なものとなる。[21] このような特性は、一般に認知行為にはつきものである。たとえば知覚だが、それは自分を越えて一つの「対象」を目指す。だが情動の志向性には、知的な意味の内には表現されえないという非常に特殊な性格がある。情動が目指している内容は、知性によっては二次的にしか規定しえない。したがってその内容は「無論理的」であり、これこそ価値という名で呼ばれているものなのである。現象学的探究は、互いに還元しえないこうしたいくつかの価値領域を貫いてゆくことだろう。なぜなら、それらの価値は一つの明証によって捉えられるものであり、この明証が現象学的観点からすれば窮極の論拠となるからである。[22] そうした価値には、快と不快との価値、生命的と精神的との価値（真と偽との価値、美と醜との価値、正と邪との価値）、そして最後に、「愛憎という特殊な行為において」目指される聖と俗との価値がある。[23] 特にここでわれわれが関わっている道徳的価値は、この位階の内にはどこにも位置していない。善行とは、いま記述したさまざまな段階の一つにある何らかの価値を実現しようとする行為であるからだ。こういうわけで、それぞれの水準に一つの道徳のようなものが存在する。しかし、絶対的な道徳価値は、諸価値の内でも最高位のものを実現しようとする行為の特性なのである。

　したがってわれわれは、具体的な対象や存在物を通して、初対面の人の内に、その内部に、つかの間のほほえみの中に、直接に諸価値を捉えるのであり、この知覚は、それとよく似た対象に結びついているような、以前に味わった快や苦の経験によっては説明されえない。それゆえ道徳的な価値についてはカントとともに、善とは、さまざまの善事に関するわれわれの経験を要約するような帰納の結果ではない、と言うのが正しいのである。けれども、さらにカントとともに、善は経験的なものではないのだから形式的なものでなければならぬと考え、それが意志の自律性を示しているのだと考えるのは誤りであろう。「実質的ア・プリオリ」[二五]というもの、すなわち、みずからの諸特性の内に本質的で超=時間的な必然性を表わしている具体的な志向対象があるのだ。したがって、最高位にある諸価値を実現すること——道徳的行為とはこれを実現することであるのだが——は、全き参与、全き知覚なのであり、空虚な形式を仰々しく肯定することではないのである。意志と呼ばれるものは、諸価値を知覚することに対して、われわれを向けたりそらせたりする以外にどんな力も持ってはいない。意志そのものは「価値に対して盲目[24]」(wertblind)なのである。

それゆえ、意識内容を厳密に記述するならば、静止した感情状態にも、傾向や欲望にさえも還元できぬものとしてわれわれの前に姿を現わす「道徳的把握《アプレアンシオン・モラル》」[二六](sittliches Erfassen)というものが明らかになってくる。それは諸価値の客観的な位階へと開かれており、それらの価値はわれわれの注意を惹かぬ時にも、いささかも有効性を減じることはないのである。われわれは選り好みという行為によって精神的価値を捉えるが、この行為は、時にはその行為が生み出すことのある傾向《タンダンス》(Streben)というものとは現象学的に異なっており、それはちょうど認識が欲望と異なるのに等しい。ところで哲学は、人間の情動生活をその全き多様性の内に探究するかわりに、その志向的部分を感情的部分に還元しようと努めてきた。哲学の地平は信じられぬほど狭くなった。スピノザは善を「欲求されるもの、ないしは欲求されうるもの[25]」として、すなわち、幸福の永遠の可能性の如きものとして定義している。そのために彼はもはや、事物からわれわれへの関わりの内にのみある客観的名称のような意味を与えてはくれない。「道徳的相対主義」の目的は、歴史において諸価値が継起的に湧出してくるところを、その全き多様性の内に記述することであらねばならなかっただろう。だが実際には、道徳が幸福への傾向に還元されてしまったように、コントやミルやスペンサーの「道徳的相対主義」は、幸福概念の変遷を社会形態に応じて記録することしかできなかった。ニーチェが激烈な調子で行なった批判によれば、さまざまな道徳は、単に幸福をどのように理解するかによってのみ異なるのではなく、それらが幸福に与える位置によってさらに深く異なるのである。だが、まさしくこの非難は、ニーチェ自身に対しても降りかかってくるものではあるまいか。当然のことながらニーチェのどのページをとってみても、そこにはいかなる「道徳的相対主義」とも違う豊かさがあり、そのような主義とは異なった「種類」のものであることが示されている。しかし彼の生物学的一元論[26]は、シェーラーの視角からは、価値狭窄化の最たるものとして現われてくるのではなかろうか。ルサンチマンの特性は、否定することと制限することなのだから……。

ここにシェーラーのとっていた考え方がある。そして彼の哲学的態度は、多くの場合、意識に多様性を取り戻させるための努力として、すなわち、ルサンチマンが意識から排除してしまっていた多様な志向性を取り戻させるための努力として定義されるであろう。ルサンチマンを抱く哲学は物事を切り下げて説明する。そのためにわれわれは、道徳におけると同様、生の理論において、感情の理論において、認識の理論において、いたるところで切り下げというものに出会ってきたのである。たとえばラマルク主義やダーウィン主義には、生命進化において、保存要因を重視し発達要因の役割を最小限におさえようとする傾向がある。先天的で偶然な変異という形で最終的な創造原理を与えられているダーウィン主義は、もっぱら淘汰要因に注意を向けるのであって、生命がどのようにして発達するのかという問いは、予期された異常な諸形態、与えられた異常な諸形態がいかにして除去されるのかという問いにすりかえられる傾向にある。二元論的形而上学は生命現象を機械論的因果性に帰してしまうものだが、それは人間の内で、心と体との一種の離婚を表明することになるだろう。この離婚は「隔たりと客観性との不幸な感情」[27]によって考え出されたものであり、それゆえ「生の衰退」によって考え出されたものなのである。そしてまたこの二元論が、結局すべての精神的なものを知性へと還元するような時には、さらにその怨みがましい性質を露わにしてくるのである。情動的生の内に志向性があるということ、言いかえれば、情動的生が固有の諸価値へと開かれているということはもはや気づかれない。経験論や主観的観念論は、意識を印象の複合物と解している。これらの「悲壮な」[28]哲学は、意識内容がおのずから意味をもちうるというようなことを認めない。意識はさまざまな状態から成っており、それらが観念連合によって二次的に或る意味、たとえば空間的な意味を受け取るというのである。愛・憎・共感といったものはもはや志向的な作用ではなくなり、みずからの内に閉ざされた苦楽の状態だということになり、ただそれが、スピノザの言うように外的原因の観念をともなっているというだけのことになるだろう。しばしばこれらの作用に内属している他者そのものについての知覚も、私自身の経験を助けにして他者の意識状態を内的に再構成したものだということになる。こうして、生命的なものの領域が機械的なものの領域に切り下げられるように、知性以外のすべてのものは、それが精神的なものの領域であろうとも、生命的なものの領域へと切り下げられるのである。「キリスト教的な愛の、清澄でほとんど冷静でさえある精神的歓喜」(29)も、「感情的幻覚」あるいは「感情的感応」(30)と解釈される。或る歴史心理学によって、これらすべての切り下げの内にはルサンチマンの律動があばき出されているようである。こうした哲学は、もはや「世界や事物と直接交渉することによって」(31)認識してゆこうとはしない。そこでの最も重要な手続きは、もはや与えられている明白な事実を認識することではなく、懐疑に抵抗し、それを停止させるような「判断基準」を求めることである。これに対し、シェーラーの変わらぬ態度は、「直接に与えられているすべてものへの深い信頼」であることが明らかになってくる。「それは世界を支配する意志ではなく、自分が存在しているという喜びの躍動、絶頂にある生の充溢に対する敬意の躍動なのである。」(32)

以上がニーチェの自然主義に対し、シェーラーの哲学が与える回答である。さまざまな事象や存在や意識との直接的な交わりは、ルサンチマンが真理や精神的価値や宗教的価値をその中に閉じ込めようとしてきたあの生命の領域を粉砕する。(三七)ニーチェがキリスト教をジレンマに直面させ、自然主義的内在性と見せかけの超越性との間で選択を迫るということができていたのも、それは一つの哲学的主張、すなわち生物学的一元論の主張によってでしかなかったのである。もしも逆に、「心情の論理が生命的要求を越えて、精神的価値や宗教的価値の客観的構造を示すことになれば、キリスト教が他のものを目指すからといっても、もはやそんな一事実だけでは、キリスト教を現世的な生を貶めるものだとして糾弾しえないことになる。超越はもう生の衰退の昇華ではありえないのである。」

IV

だが、宗教的行為に特有のものを明らかにするその同じ光明が、また、宗教的行為が歴史の中でこうむってきた堕落や歪みをも示してくれる。こうした歪みに対しては、それがキリスト教の内部に起こったものであれ外部に起こったものであれ、ニーチェの批判が適中する。そしてこの批判が射止めるものは「ブルジョワ」道徳であり、これは「十三世紀以来、絶えずキリスト教道徳を風化させてきた」[33]ものなのである。それゆえ、こうした堕落をさらによく理解するためにわれわれに残されているのは、真のキリスト教において宗教的行為と生とがどのような関係になっているかを示すことである。

「新たな愛」が通常の行動を犠牲にするよう要求する時にも、それはまさにそのことによって、通常の行動の価値を認めているのだと気づくことが大切である。キリスト教は決してストア学派流の自己暗示めいたもの、すなわち、そこにおいては苦痛が悪の性格を失ってしまうような自己暗示めいたものを勧めたことはない。それというのも、異を唱える力のない「飼い馴らされた肉食獣」という一種族を創り出そうとしているのではなく、本能的な行為よりも高次の行為をなす力のある種族を創り出そうとしているのだからである。[34]「精神的人格」の水準で述べられた主張は、その下に、「容認された」ただ変形されただけの自然的な現実をそのまま存続させている。イエスは決して、新たな政治秩序についても、富の再配分を行なうような新しい制度についても、ストア風の「世界国家」についても語りはしなかった。「彼は安んじて、主人と奴隷との間にある身分差や、皇帝権力の支配、さらには、人々を敵対させてしまいそうな自然的本能〔……〕までも認めている」[35]。禁じられているのは階級闘争でも戦争でもなく、憎悪なのである。「そうした闘争をやめねばならぬとか、その闘争のきっかけとなるさまざまな本能が消滅せねばならぬとか〔……〕言われているわけではない。重要なことは、敵も、真の敵ないしはそうみなされている敵も、すなわち、私がしかるべき方法であたうる限りの手段を用いて戦っている敵も、〈神の国における兄弟〉なのだということであり、憎悪が、すなわち、魂の救済そのものを蝕むあの最終的な憎悪が、この戦いの内に存在していないということなのである。[36]」

しかしだからといって、自然的な生の上に「かぶせられ」それ自体では自然的な生となんの交渉も持たないような宗教的な生を思い描くことほど、シェーラーの考えから遠ざかるものはあるまい。キリスト教の愛が生物学的・政治的・社会的秩序に属する一現象ではなく、また、それらの秩序を直接に目指しているのではないからこそ、この愛はそうした秩序に浸透してゆくことができるのだ。キリスト教の愛が社会を見放したのは、ルターとともに、その愛がみずからを一つの感情状態として捉えようとしたまさにその時であった。もしも信仰による義認《ジュスティフィカシオン》が行ないによる義認に優先し、それを条件づけるのならば、そしてそれらの行ないの中に人々の愛の行為までが数え入れられるのならば、その愛の行為はもはや義認に達する道ではありえなくなるだろう。注意はもっぱら、もはや「個々の魂とその神と」の間でしか演じられないような、「救いにのみ適した行ない」へと向けられるのである。教会という観念、すなわちそこでは責任が共同のものとなり、救いが単に私的な行ないではなくなるような教会という観念に、これほど都合の悪いことはない。ここから隣人愛を感性的共感にゆだね、社会の運用を「権力」にゆだねるようになるについては、おそらく必然的な帰結はなかったかもしれないが、歴史においてはそういう事実上の推移が生じたように思われる。それゆえ、宗教的価値が人々の経済的諸関係をコントロールすることをやめるのは、それがこうした感情状態と混同されようとする時であり、いわば人間的になろうとする時なのだ。というのも、宗教的行為の非時間的な性格を示すこと、そしてこれを社会組織や政治組織の特定の形態に癒着させないこと、それは宗教的行為を現在が要求する問題から放免するいかなる方法でもなく、おそらくはそれに対してより誠実にし向けることだからである。なぜならば神の国は、あるいはまた言葉なき愛が創り出すこの新しい人間社会は、プラトン哲学の用語が示すような「高み」であったり現世からかけ離れていたりするものではないからだ。それは現世の否定であるとか、現世の生活の転倒であるとか、現世の生活と対照的な背景であるなどとみなされてはならない。偉大なる信仰の時代には、神の国は決して代償の場ではなかった。それが転倒された世界ではない——そうではなく別のものである——からこそ、また、まさしくそれが超越的なものであるからこそ、神の国は裁きを死後にまで延期させる手段であったり、貧しい者たちに我慢をさせる手段であったりすることはないのである……。[37]

シェーラーをよく読むならば、彼がキリスト教の歪みとして指摘しているのは、それが人々の経済的条件を気にしすぎるなどというところではなく、「あまりに人間的な」ルサンチマンを愛であるかのように見せかけるところであることがわかるだろう。自己嫌悪にほかならぬ他人への「愛」があり、富への憎悪にほかならぬ貧しい人々への「愛」もあるが、こうした愛は貧しい人々の内に、まさしくそれからその人々を解放すべき当のものを愛するのであり、すなわち「下層民の生活」や「病院の香り」[38]を愛するのである。キリスト教は苦悩を愛し過ぎるというニーチェの批判や、キリスト教は民衆を苦悩の内に眠らせておくというマルクスの批判にキリスト教をさらすのは、この愛と自称するもの、まさしくそれであり、またそれのみである。キリスト教は、その信仰に生きる人々を、社会の政治に関してももっと敵しく、もっと敏感に、もっと意識的にしなければならない。人々への愛は、苦悩者の頽廃的嗜好であるような「社会福祉の精神」とは何の共通点も持ってはいない。後者はキリスト教

にとって果てしなく危険なものなのである。(39)

ルサンチマンからのもう一つの要求が、キリスト教をさらに歪曲することになる。すなわち、人間相互の一種の精神的平等というものの要求である。シェーラーにとって「人間性」という観念は、つまり、人間を動物たちから峻別することによって人間同士を平等にしてしまうような種差の観念は、キリスト教の内部への異教的観念とブルジョワ人道主義《ユマニタリスム》との侵入を示すものである。なぜなら、人間をその種を越えて決定的に高めるものは「新たな誕生」であり、恩寵の超人性への到達であるからだ。こうした意味において、ニーチェの反人間主義はキリスト教の血を受け継いでいるのである。(40)

そうであればなおのこと、人道主義の系譜をも辿ってみなければなるまい。それはルサンチマンが、時にキリスト教の言葉をとどめていながらも、いかにして全く新しい道徳をキリスト教とすりかえてしまったかということを教えてくれるであろう。福音書によれば、福音書そのものと旧約聖書とは、心から神を愛し汝自身の如くに隣人を愛せというただ一つの掟に要約される。われわれには神への愛と隣人愛と自己愛との統一というこの掟の謎を直接には解明しおおせないかもしれないが、しかし三つの愛のこの通じ合いは人道主義《ユマニタリスム》(二八)という反対証明によって明らかになるのである。いかなる人間主義《ユマニスム》も本質はプロメテウス的であり、(二九)憎悪、すなわち神の叡智と慈愛に対する憎悪に端を発している。敵意を含んだ宇宙のただなかにいる悲惨な人間たち、自然に逆らって次第に家・船・技術・科学を発明してゆく彼らの創意、――彼らの躊躇・努力・失敗・最終的な成功・動物界から少しずつ現われ出てくる光と影とが織りなす彼らの現世的な性質、こうしたところに人間主義の宗教がある。この宗教は、人間は自然から離れて遠ざかるだけ立派になるというのだから、すぐさま自然の価値を貶めてしまう。したがって、十九世紀のさまざまな心理学が自然への愛や動植物への愛を一貫して説明するにあたり、本来ならば人間へとさし向けられる感情をそれらに転移することで行なっているのも合点されることだろう。神から切り離されるならば、同時に愛は世界からも切り離され、また隣人からも遠ざかることがわかるであろう。なぜなら、以後、愛は「人間の姿をしたあらゆるもの」、いわゆる「人類」へと向けられるからである[41]。愛がより多くの人々を目指せば、それだけその愛に威厳が見出されるというわけだ。だが、この「人類」への没入《イメルシオン》〔＝浸礼〕によって失われる〔＝水死する〕のは、また自己愛でもある[三〇]。おそらくパスカルの言葉が思い起こされることだろう。「自己は厭わしい[三一]」――このパスカルの言葉は「はなはだルサンチマンに満ちているが、またそれ以上に、彼の才能でたくみにルサンチマンを隠蔽し、そこにキリスト教的意味を与えてもいる[42]」。しかし、この言葉はキリスト教とは無縁である。汝の隣人を「汝自身の如く」愛せという掟が残っているのである。ところが、人道主義的「愛他主義」は自己愛を認めたがらない。「汝の隣人を汝自身よりも愛せ」とオーギュスト・コントは言っている。愛の本質が忘れられているのである。彼らは愛のうちに、もはや感情状態しか見てはいないので、自己愛のうちにももう自惚しか見ることができないのだ。

　このようにして人道主義は、もはやキリスト教的禁欲主義とは何の共通点ももたないような一種の禁欲主義を考え出した。それはどんな意味においてであれ、恵みというものにはいかなる価値も認めない。人間が自分の力で、労働によって成し遂げた行為のみが価値あるものなのだ。良くも悪くも、連帯について語ることにはもはや何の意味もない。「人類」が目に見えぬ教会というものにとって代わってしまった。人類は無償の恵みは施さない。A・コントにとっては、各人は社会から受け取ったものをそれぞれの力量に応じて返さねばならないのである。このような主義においては、資格のない者でさえもそれに参与することのできる精神価値の宝庫といった考え――聖体拝領の考えは不可解なものとなってしまう。恩寵の恵みだけではなく、自然の恵みも価値を切り下げられる。有用なものへの信仰や労働崇拝などが財の生産を助長しているのに、その財を享受することは禁じられていたのである。[43] 道徳のすべての主要概念――特にキリスト教道徳の主要概念――には、商業文明に特有の価値判断が次第に浸透してくる。字義に拘泥することなくその真意にまで達するならば、福音書的貧困すなわち自発的犠牲と、ブルジョワ的貯蓄すなわち「富者の美徳」[44]との間にいかなる相違があり、前者から後者へのどのような堕落があるかということが理解されるであろう。

　したがってシェーラーにとっても、ニーチェはルサンチマンの記述においてはまちがっていなかったわけである。若干のキリスト者の内にルサンチマンを見つけ出したと思った時でさえも、彼はまちがってはいなかった。ただ、キリスト教がルサンチマンから生じたものだと考えた時に、完全な誤りを犯してしまったのである。最近仏訳されたベルトラムの好著[45]が、このシェーラーの判断を立証するのに一役買ってくれることだろう。われわれはこの著作において、ニーチェの敵のほとんどすべては内なる敵であったということ、すなわち、彼が嫌っていたショーペンハウアーやワグナーやソクラテスや聖パウロは彼自身の実質から作り出された幻影に過ぎず、彼がその天分に従いそれらの幻影を通して傷つけようとしていたのは、自分自身であったのだということを理解する。[46]これと同様に、彼が踏みつけにしているキリスト教もまた、彼自身の観点から見られたものでしかないように思われるのである。ニーチェは一八六八年にこう記していた。「私がワグナーの中で評価するもの、私がショーペンハウアーの中で評価するもの、それは道徳的雰囲気であり、『ファウスト』の香気であり、十字架であり、死であり、墓である……[47]」。彼が中傷した「キリスト教」、ということは彼が心に抱いていたキリスト教であるわけだが、それはまさしく死と墓との「道徳的雰囲気」だったのではあるまいか。そして、シェーラーがはっきりと示してくれたように、真のキリスト教とは、十字架ではあっても「ファウストの香り」や「死と墓」などではないのだとしてみれば、それがニーチェの批判にあたらぬことは容易に理解されるであろう。ベルトラムは、ある時には「ディオニュソス」またある時には

「十字架にかけられし者」と署名されていたニーチェ晩年の書簡類が、おそらくは「最高度に高められた生としてのキリスト教、すなわち、もはやあいまいな聖句の鏡の中にではなく、真向から見られたキリスト教に憧れている北方人のこの果てしないノスタルジー」(48)を物語っているのだとしている。もしもニーチェが福音書を『ファウスト』の雰囲気や、望みもしないのに彼にとりついている死の雰囲気を通して読んだりしなかったならば、彼は生命にあふれるキリスト教をルターの内に求める代わりに――ベルトラムもまたルターの内に求めているが――原始キリスト教や日常のキリスト教の内に見出していたであろう。そんなことをシェーラーはわれわれに理解させてくれる。

V

これほど長々とシェーラーに従ってきた後で、彼の試論がひき起こすすべての問題をただ列挙してゆくなどということは論外であろう。われわれがこれまで特に強調してきたのは、キリスト教とその「亜流」との違いを見事に示しているシェーラーのさまざまな分析であり、それに異論の余地はあるまいと思われる。人道主義のコンプレックスに関する記述は、すでにクルティウスやジーブルクから影響を受けているフランスの読者たちを――彼らがまだ驚きうるものならば――驚かせることだろう。

それは多分彼らに、プロメテウス主義や文明への信仰が「人間の尊厳」に必須のものなどではないということを感得させるであろう。それらは信じられないほどフランスの教育に浸透しているのである。この誇り高い市民たちが自然を見ることもなく通り過ぎてしまうような危険をおかすよりは、自然との交わりや親しみを教える方がどれほど良いことだろう。しかしまた、幾人のキリスト者にアッシジの聖フランチェスコの存在を思い出させねばならないのだろうか。キリスト教というただ一言がひき起こす或る種の激しい敵意を理解するためには、慣習や、各「階層」の都合や、とりわけルサンチマンの行なう偽善などが、われわれとテベリア〔ガリラヤ〕の岸辺にある漁師(三三)たちの信仰との間に置いたすべての事柄を感じとる以上に重要なことはなく、われわれのまわりの或る人々がキリスト教に近づくのをこれほどにも難しくしているのは、どんな恨みに満ちた気分であるのかを感じとる以上に重要なことはないのである。もしもシェーラーが、キリスト者の行為の純粋な動機や、その意図や強調するところ、また、キリスト教と似たような行為を勧めるさまざまなイデオロギーに対しキリスト教が比較を絶したものとなる由縁や、自分の捧げるものが何であるかを知っているこの犠牲というものの本性を明らかにするにとどまっているならば、いかなる異議も申したてられはしないだろう。われわれもこれまでは、特にこの線に沿って説明を行なってきた。

だが、今日翻訳されているこの試論に、またそのフランス語のテクストだけに限っても、いくつかのくだりからは、それとは別の事柄が見つかるように思われる。「人間性の名において、人々は少しずつ世界平和を称えるようになる」[49]。実際、ここではもはや、キリスト教的平和主義を生の低下による平和主義から区別するものは示されてはいない。シェーラーから考えさせられることは、純粋なキリスト教というものは生命を制御することの内に自己を発揮しようとしたり、生命的な価値である戦いに反対しようとしたりはしないのだということであるように思われる。しかし、その同じ理屈でゆけば、殺人行為が「騎士道的」であったり、そこに憎悪が含まれていなかったりする場合に、どうしてキリスト教はその殺人に反対するのだろうか。意図というものの決定的重要性がどうであれ、たとえその正当性が決して「感じ」られなくとも、やはりキリスト教の本義は、「精神的人格」が世間から離れて存在しているような時でさえ、それに影響を及ぼす行為があるということを認めることであり、つまりは、われわれが為すこととわれわれがもたらすこととの関係、「精神的人格」と感性的意識との実質的共謀を認めることなのである。こうした意味でキリスト教は、その全き純粋さにおいて、貧者を悲惨な状態から救うために闘うように、殺人にも「反対する」。ところがそのような場合に、もしも、観察しうる意識の全体が憎悪なき暴力で占められていようとも「精神的人格」は無疵のままでいられるというのであれば、それは「精神的人格」の超越性がそれ自体で形而上学的な救いのようなものを保っていることになり、われわれは自己を救済する必要がなく、すでに救われていることにななるだろうか。志向的なものと感情的なものとの関係が哲学的な問題を提起するのと同様に、「精神的人格」と感性的意識との具体的な関係は、明らかに宗教的次元の問題を提起するのである。

われわれはあきれるほど短い説明しかできなかったが、シェーラーの方法は、フランスの読者にとってきわめて重要な試薬となるであろう。〔ラモン・〕フェルナンデス氏はごくあたりまえのこととしてこう書いていた。「その人が真の哲学者であることを告げるものは、彼の言葉でも彼の関心事でもない。それは、知性の実効的な作用が語に堅固な意味を与え、これによって確認されるもの以外は何物をも信用しないという彼の心構えなのである。こうした角度から情念によるごまかしが見破られるならば、すべての哲学者は生まれついての主知主義者であり、本能的に観念論者であるということになり、あらゆる反＝知性主義的哲学は知的作用へと還元され、それによって精神はさらにひそやかな自己満足に身を任せる権利を得るのである」(50)。フェルナンデス氏の教養はこのように全く批判主義的でありフランス的であるが、彼にとって知性の実効的な作用は、それを妨げたり動揺させたりするものを原理的に排除している。それゆえ、了解するということは、決して思考対象をあるがままに把握することではなくなってしまう。そんなことをするのは世界の内に一つの混沌を構成することだというわけである。彼の考えるところ、思惟する主体は自己の規則を所与に押しつける権利をもっている。なぜなら、そうした規則がなければ、そこには対象もなく、ただ「さまざまの感覚的なもの」の支離滅裂な夢想のみがあるということになるだろうからである。こうして、物理学の規範が存在の法則となる。知覚の世界、芸術の世界、感情の世界、宗教的行為の世界などは、科学の世界の下絵ないしはそれが堕落したものだとみなされることになるのである。だが科学哲学は、今ここで与えられているものを汲み尽くすような科学的分析などは考えられぬものだろうということを、またその意味で、科学の対象は将来においてさえも、存在するものと共通の外延を持ちえないであろうということを、はっきりと示してくれたように思われる。ブランシュヴィック氏の批判主義はそのことを難なく認めるであろうが、しかしまた、科学の対象へと還元されなかったものについては、われわれは何も言えず何も考えられず、それが存在しているとさえ言いも考えもできないのだと抗弁してくることだろう。しかしながら、所与を科学的に配置することによっては、いかにして物が「作られる」[51]かということをわれわれに示すことはできず、また、客観性というものが存在を汲み尽くしえないのであれば、それを行なうのは、存在をあらゆる面において探索し記述しようとする哲学者の行為そのものだということになるのではなかろうか。こうしたことがおおよそヴァール氏あるいはマルセル氏の意図するところであろう。そしてシェーラーが強調してきたとおぼしきものもまた、記述的哲学の権利なのである。それはひとえに、本質の記述をすることであるように思われる。哲学の構成作用は主体の創造的活動を自覚することではなく、思惟の対象を調べることであり、それがわれわれに課してくるさまざまな分節に従うことであり、たとえば、ありのままの感情生活を記述することである。これについてはフェルナンデス氏が「ひそやかな自己満足」という言葉を使うであろうが、たしかに、どんな哲学者にも自分がどこに到達したがっているのかは分かっている。だがすべての問題は、彼が本当にそこへ行く権利を持っているかどうかということである。もしも感情や知覚や宗教的行為に関する古典的分析から、せめて曇りだけでも拭い去られておれば、この分析にもそれらの事象を解明する権利はあっただろう。だが実際のところ古典的分析は、それらの事象にはっきりと認められる志向的本性を報告しておらず、したがって、現われそのものをありのままに説明するような正確な分析を行なうという、基本的な義務を怠っていることになるのである。それゆえ、これとは別の分析を試みる必要があり、またそうする権利があるのではないだろうか。哲学に対し、その本質は己れの内に閉ざされた知性であるという定義を与えることは、おそらく哲学に一種の透明さと保護された環境のようなものとを保証することではあるが、しかしおそらくそれはまた、存在するものの認識を断念することでもあるだろう。

『存在と所有(52)』

これまで長いあいだ常識も哲学者たちも、生命をもたぬ対象、われわれとは関わりのない冷ややかな事物に対する静観《コンタンプラシオン》を人間認識の典型であり理想であると考えてきたらしい。通りを歩む人々を窓越しに眺める時、「……私はまぎれもなく、自分が人間を見ているのだと言うであろう。にもかかわらず、私がこの窓から見ているものは、帽子や外套以外の何であろうか。それらは幽霊やゼンマイ仕掛けでしか動かない自動人形などを隠しているかもしれないではないか。だが私はそれを人間であると判断する。したがって私は、自分の眼で見ていると思っていたものでも、私の精神の内にある判断の能力によってのみ理解しているのである(53)(三三)」。そこから、私の他者知覚は二つの要素に分析されることになる。つまり一方には、多分デカルトによれば色斑と線との集まりに還元されてしまうような、衣服・体の輪郭・人間の皮膚といった文字通り目に見えるものがあり、他方には、これら生気のない所与に生きた意味を授ける私の判断があるということになるのである。そこで今度は自己身体の認識というものをとりあげ、十九世紀の心理学者たちに問いかけてみよう。彼らが語るところによれば、われわれの身体は視覚的・触覚的感覚の集まりであり、いくつかの特性によって他の身体から区別される。すなわち、この特権的な感覚の塊は絶えず私に与えられており、とりわけ生き生きとした感情的印象を伴っているのであって、これらの特殊な性格により一つの判断が下され、それによって私は自分の身体を限定するのである。一言でいえば、〔他者知覚と自己知覚との〕いずれの場合にも、彼らは規範的〔＝正常〕とみなされた或る認識の型から出発することに慣れきっていたわけだ。つまり、バラバラで無意味な性質や特性の総体を静観するというのがその型である。これらの所与、すなわちその光景に対峙して、それらを解釈し理解する主体が措定されるが、そのためにこの主体は、一つの純粋な「判断力」すなわち「コギト」でしかない。また、この分析は科学的認識にもきわめて容易に適用されるため、哲学者たちは、あらゆる認識というものがここに定義したような「主体」と「対象」との対話だということを確信するに至るのである。

このような還元とそれが内包する認識論とに対して、マルセル氏の初期の論文は異議を申し立てた。私がぼんやりと眺めている場合、通りを行く人々はおそらく、服を着たマネキン人形以外のものとして現われてくることはないだろう。それと同じく、一種の「ひき下げようとする願望」[54]によって、ここでもまたぼんやりした認識が他者知覚のモデルだとみなされてきたのである。実際そこでは、私は人間を知覚するのではなく、かすかに動く人間の形を知覚することになる。これとは逆に、私に対して現前し、私が語りかけ、私の面前で第二人称をとる者、この汝は、私が心静かにその「目録」を作成してゆくような諸性格の集合に還元できるものではない。そしてまた同様に、現われてくるがままの私の身体を考察するならば、私が自分の身体についてもつ認識は、先ほど図式を描いておいたあの規範的と称する型に帰着するものでないことにも気づかれるはずである。私の身体がまさしく私の身体であるというこの特殊事情が説明されるのは、視覚的および触覚的な感覚の塊に、先ほど触れておいた感情的印象や「二重の感覚」、あるいは判断や或る知識の全体をつけ加えることによってではない。私の身体が私に現われてくるのは一個の対象としてではないし、調整したり理解したりせねばならない性質や特性の集まりとしてでもない。私が私の身体との間に結ぶ関係は、コギトとコギタトゥムの関係や「認識論的主観」と対象との関係ではないのである。私は私の身体と共謀しており、ある意味では私は私の身体である。私の身体から私に向けて一つの関係があると言うことは、厳密にはできない。なぜならこの言葉は、一つの対象に対するもう一つの対象の行動を意味しているからである。大切なのはむしろ現前や加担や親密さといったものなのだ。しかし同じようにして、私が本当に対象の存在を信じ、対象の「特性」よりはむしろその表情を捉え、その本質よりはむしろ現前を捉えるならば、それに応じて対象は私の身体の延長の如き何物かになるのである。哲学者たちが分析をほどこしたのは、私が体験しているような私の身体でもなければ、人間がその間で生活をしながら捉えるようなさまざまな対象でもない。彼らは「観客的態度[55]」に身を置いてきたのであり、この態度こそが対象から、その人間的側面やわれわれに及ぼす影響力を奪い取ると同時に、主体をも、希望や絶望、約束や祈願といった、その主体が他者と分かちえなくなるまでに他者に向けられている状況から切り離していたのである。自分を束縛のない純粋な我れとして捉えるためには、哲学者は自分自身を一個の対象として扱い、われわれがまず他人に対してとることを学ぶ観客的態度を自分自身に対してとる必要があった。その意味でコギトは、かりそめにも第一の真理であったり、あらゆる妥当な確信の条件であったりすることはできない。素朴な確信の根拠はむしろ私の身体の意識なのであり、これは物に関してそれが存在しているというあらゆる確信の基礎にあるものなのだ。「形而上学の中心的な所与である受肉」「それはそこから出発して事実が可能になる所与である（これはコギトについては真実ではない）[56]」。

マルセル氏のごく最近の著作類は、こうした考察の哲学的な意味を明らかにしてくれる。それは単に、物理的世界や科学の世界のかたわらに、事実上そこに併合されてはいないような領域——自己身体の領域や汝の領域——を識別することではない。自己身体や汝の分析は、一般的方法の初歩的な試みであり、認識の新しい型の手近な実例であることが次第に気づかれてきている。ここにおいて現象学がマルセル氏に提供したものは、すっかりできあがった真理などではなく、氏の初期の反省が内包していたものを明らかにし根拠づける方法であったように思われる。その氏の反省が実存と客観性[57]という対置の内にはっきりとした姿をとっていた時でさえ、不注意な読者は、結局のところそこでは二つの「思考内容」が識別されているだけなのだと主張しおおせたほどだから、それによって人々は、認識の心理学にただ一章を加えていたにすぎなかったのである。現象学は、それがわれわれの思考の顕在的あるいは潜在的な対象の背後に、その対象とはどんな似たところもありえないような物が想定されるのを禁ずる限り、「思考内容」間に立てられた区別に対して、すぐさま動かしがたい価値を授けることになる。マルセル氏が「超越論的観点」[58]ないし「現象学的観点」[59]を採りうるのは、この意味においてなのである。したがって実存と客観性とは、もはや狭義の意味における二つの現象として現われることはできず、以後は存在者の二つの領域となる。現象学的方法は存在者を主体に近づけてゆくものだが、それと同時に、われわれが語りうる存在者はたとえ不適当な仕方であろうともわれわれが認識しうる存在者だけだという単純な理由からして、この方法は、主体を或る項に向けられた傾向ないし志向と定義することによって、主体を存在者に結びつけ直しもするのである。そこから自己身体や汝を越える探究の領域が開け、それは一般的なものとなり、心のあらゆる「参加《アンガージュマン》」へと広がってゆく。分析の主題には、知覚し、考え、欲し、希望し、愛し、祈る人間と、こうした行為において目指されていたりあるいは少なくとも予感されていたりするような、知覚され、認識され、欲せられ、愛され、あがめられ、祈られるさまざまな存在者とがとりあげられることになるだろう。『存在と所有』でマルセル氏の哲学は、いわば拡大したのであり、それは生の理解に、つまり固有の環境をもち人間によって生きられるようなさまざまな状況全体の理解になりきろうとしているのである。次第次第にパースペクティヴの中心は身体から遠ざかり、心へと近づいてゆく。なぜなら、私の身体が私の所有する一対象以上のものであるとすれば、さらにまた、私の身体が私自身であるということもできないからである。それは「私が在るところのものと私が持つところのものとの境目」にあり、存在と所有との境界にある。形而上学の中心的な事柄は、おそらく、もはやわれわれが先ほど語ったような私の身体の現前と分離といったものではなく、マルセル氏のこの新しい著作では、それはむしろ私の生の現前と分離、私の生の私自身への密着といったものになっており、同時に、私の生を犠牲に供することのできる私の力、私が私の生と混同されてしまうことに対する私の拒否といったものになっているのである。

ここでは、これまでほとんどの哲学によって不要とみなされてきたものを検討してみることが大切である。なぜなら、われわれには実存を考えるための「装備」がなかったのだし、すべての作業は今後に残されているからだ。哲学者たちが、自分たちの最大の関心事であった実存の諸相を示すために新しい名称を練りあげねばならなくなった時、いかに用心深く小心翼々としていたかは驚くほどである。たとえば、キリスト教的魂の実存をアリストテレス的な概念の援用によって分析することが試みられたが、これは一つのパラドックスのようなものだ。なぜなら、キリスト教において、生に本質的なものは賭けであり、魂に本質的なものは堕落することも救済されることもできるというそのことなのだからである。このような魂と「身体の形相」であるアリストテレスの魂とがどんなふうに結合されうるのか、われわれは理解に苦しむ。「形相は永遠に救われていて、脅かされることさえありえない」[60]。形相はいわば質料でいっぱいになることもあるが、それ自体は手つかずのままであり、物質的因果性に場をゆずるためにただ不在となるだけである。ところが、魂の内には「堕落する意志」[61]のありうることも事実である。また同様に、もしも魂が「身体の形相」であるならば、魂の救済とは自然的位階《ヒエラルキー》の一つを保持すること以外のなにものでもなく、いつに変わらぬ形而上学的メカニズムの作用にほかならないことになる。救済のキリスト教的観念がこの健康美に帰着し、宗教的生がこの衛生学に帰着するなどと、どのようにして主張するのであろうか。それゆえわれわれは、自分たちの用いるカテゴリーを鋳直す必要があり、また、「証明」を副次的な思考様式であると考えることになじまねばなるまい。「証明にできることは、事実われわれにすでに他所から与えられていた事柄を、当のわれわれに確証してくれることだけである」[62]。証明は「推論的思考とは全く違った行為を、推論的思考の水準に移すこと」[63]で成り立っている。また証明は、自分がそれを証明するためにつくられていることのすべてを包括するものではなく、証明自身がそれと完全に等価にはならぬような行為のあらましを描き出したり、その行為の進路を整えたりするのである。真に実存するものが問題になる時には、反省はその本性を探ることよりも、そこに認識されるべき本性などはないとして、その理由を解明することに主眼を置くようになる。反省は、一方に、既知項との関係によって未知項を決定するような問題をおき、他方に、その謎（たとえば苦悩の意味）が概念の結合によってではなく、犠牲や絶望などの行為によってしか解かれえないような神秘をおき、両者を分かつ境界線をひくことになるだろう。そのようにして、明らかに哲学者は希望への道を準備している。だが彼は論証することも証明することもなく、ただ、かけがえのない経験を、なぜそれがかけがえのないものであるかを明らかにしつつ指し示すだけである。証明が副次的なものであるならば、確実性は、必ずしも明確な判断や確定した概念の内にはっきりと表わされることにはならない。それゆえ、「私自身は自分の信じているものを知らないのである」[64]。だが信仰に関しては、証明《プルーヴ》とはいわずとも、少なくとも検証《ヴェリフィカシオン》について語ることくらいはできないのだろうか。検証すること、それは常に、われわれの最初の観察がもっていたかもしれない個人的なものを取り除くために、さらに正確でさらに偏見の少ない観察者（この観察者はわれわれ自身であっても別の人間であってもかまわない）に訴えることである。しかしこのことは、仮に、無関心なまなざしには理解できず個人的な参加と引き換えでしか明らかにならないものがあるとしたら、そうしたものを考慮せざるをえなくなればすぐにも、このような検証作業が何の役にも立たなくなってしまうことを意味している。ここで「訂正的経験《エクスペリアンス・レクティフィカトリス》」を求めるのは、真理が万人から検証されうるものだと仮定することである。[65] したがって、確実性は一種の「有効な直観」[66]と混同される。「存在論的な事柄の本質は、証言されることとしかできないのではあるまいか」[67]。そこにはこの証言を確認するという一つの手だてしかなく、それは、もともとこの証言がどのような確認よりも価値のあるものだという事実を示すことなのである。

約束・参加・所有などの分析は、物理的世界に根拠を置く有機体に担われた何らかの「意識状態」を記述するなどといったところからはほど遠く、それは物理的世界を含みこそすれ、それによって含まれるのではないような新たな世界へとわれわれを導いてくれる。すべてのパースペクティヴは転倒されるのである。誘惑や忠実といったものは、もはや時空の内に閉ざされた意識の内部に座を占めるような「内的出来事」ではない。そうではなく逆に、時空は不在の極端なケースとしての「誘惑の形式」[68]であって、それはちょうど存在が、現前の極端なケースとしての「忠実の場」であるのと同じことなのだ。そして、この現前とこの不在とは、近接と隔たりとの空間的かつ時間的な様式として考えられるべきではなく、それどころか、後者の様式を前者の現前と不在から派生させる必要がある。したがって、特に時間の理論は作り直されねばなるまい。ある意味では、私の思念に現前している亡き友は、私の好きでもない「生者」よりももっと生き生きとしているのである。(69) 通常、時間は燃え尽きてゆく木片になぞらえて考えられており、過去はいかなる熱によっても活動することのないその灰であるとされている。それはわれわれが寸分たりとも変化させることのできない何ものかである。だが、私が亡き友のことを考えるのであれば彼は存在していなければならないし、彼が私に現前しているのであれば、彼が実存していると言うのに私は何を躊躇することがあるだろうか。この種の実存は当然ながらいかなる証拠も基準も持ってはいないのに、私はどんな証拠、どんな基準を求めようというのであろうか。「歴史的沈澱なるものはない」(70)(三四) し、取り返しのつかないような何事もなく、われわれは現在に働きかけられるだけではなく、過去にも働きかけることができるのである。同様にして、われわれは未来に働きかけることも可能であり、それを証すものこそが約束なのである。私は病気の友人に、もう一度訪ねてくることを約束する。「約束するという時、それは、私が勝手に、実は私の力では設定できないような自分の感情の不変性を想定しているのか、あるいは、遂行する時には私の心の内を少しも反映しないだろうと思われる行為であっても、それを一定の時に遂行すべきことを予め承認しているのか、そのいずれかである。第一の場合には、私は自分自身を欺き、第二の場合には、私は他人を欺くことに前もって同意していることになる」(71)。しかしながらいかなる分析をもってしても、その約束、真の約束の中に隠されているのが二つの嘘の内のどちらであるかということは、私に明かされるわけではない。そしてここでは見せかけと事実とがまじり合っているのだから、この二つの嘘というものも存在しないのである。私を証人とし所有者とする心理状態とは混同されることのないような私の行為というものがなければ、また、私自身が変わってしまったとしてもそれで反故になるようなことのない私の存在の表明というものがなければ、いったい約束とは何であろうか。ある意味において、あらゆる過去はそれが私に現前するやいなや再び現在になるのと同様に、あらゆる約束もそれが真摯なものであれば守られる。明日になり、たとえ私がもう病気の友人に変わらぬ心の動きを向けられなくなるとしても、この裏切りによって、私の約束が——私の生活の中ではそうなるかもしれないが——私の存在の中には実在しなかったのだとか、実在し続けていないのだとかいうことになりはしないのである。以上が、精神的諸行為をその純粋さの内に顕わにし、それらをよく似た偽物に対置し(72)、たえず所有の領域から存在の領域へと遡行するマルセル氏の努力である。人間の条件を定義するものは、所有と存在との間のこの運動であり、このはざまなのだ(三五)。

　このような哲学を前にして心に浮かんでくる反論、それはこの哲学に強制力ともいうべきものが欠けているということである。「生きていると呼ばれる一つの事柄があり、実存すると呼ばれるもう一つの事柄がある。私は実存することを選んだ」。[73] ここにあるのは一つの選択であり、それ以外のものではありえないだろう。しかし、反省がこの選択をもう少しコントロールできるのではないかと尋ねてみる必要はある。特徴づけ、懐疑に耐える基準を発見し、思考対象の目録を作成するといったそんな哲学者好みの操作は、とうてい知性そのものを定義するようなものではない。そこで問題になっているのは知性の或る使い方であり、それ以上の何ものでもないだろう。マルセル氏はそのことをよくわきまえており、彼の哲学が「反＝主知主義的」な響きをもつことは決してない。或る種の理性に対するこの否認以上に、理性にかなうこともないのである。だが、知性は「装備し直され」てもなお、決定的直観を妨げている障害を打ち倒す役にしか立たないのであろうか。「……ここでは『実存の哲学』におけるカール・ヤスパースのように、訴えること以外に方法はない。私がそれを確かめる機会を得たように、もしもいくつかの意識が応えるとしたら……それは、本当にそこに道があるからなのだ。だが……この道は愛によってしか気づかれず、愛だけにしか見えないものである。[74]」ここでいわゆる哲学に割当てられた場所がいかに狭いものであるかということを、この著者は誰よりも強く感じている。またそれゆえに、もしも「私は見た」が究極の論拠であるということになれば、この哲学はどんな擬似＝直観をもひっくるめて正当化してしまうのではなかろうか。われわれは本物の直観と錯覚とをいかにして区別することになるのだろうか。これは著作が遠ざける問題である。なぜなら、われわれは一つの基準を求めているのであり、その基準とは、「彼」の秩序に属していないがためにその秩序を内包しえないようなものの基準であるからだ。とはいえわれわれはたとえば、真の情熱と逆上とを区別するすべを知っているし、子供や狂人の言葉が本当の詩の響きをもつようなことが起ころうとも、われわれの驚きとわれわれが味わうこの種の衝撃とは、そこに全く異なった二つの調子があることを十分に知らせてくれるのである。それゆえわれわれは、理性を超えるものと理性の下方にあるものとのこの直接的な区別を明らかにするよう促されることになる。もしもすべての直観が自己充足的なものだとしたら、もしも不完全な認識からもっと完全な認識へと導くような道や弁証法がないのだとしたら、その不完全な直観の内に閉じ込められているそれぞれの存在者が、どうしてもっと遠くまで行く必要や、もっと多くの現実を経験する必要を感じるのだろうか。われわれが知っている存在者は、それ自体が或る構造を持っているのではなかろうか。そしてそのような存在者は、部分的な局面ないし側面、また部分的であると感じられるような局面ないし側面をわれわれに示し、そうした局面や側面のそれぞれがもっと遠くまで行くようにと誘いかけてくるのではあるまいか。マルセル氏はおそらくそう考えている。なぜなら、その著書の或る箇所で、彼は弁証法の可能性を主張し、「超現象学的」[75]方法について語っているからである。つまり、われわれの関わり合っているのは一つの完成した哲学ではないのだ。われわれも著書の中で、「提案」でしかないものを主張として示すことがある。そうだとすれば、示唆でしかないものを「反駁」する以上に軽率で不当なこともないであろう。

J・P・サルトル著『想像力』

全一巻、一六折、一六二ページ、「新哲学百科」叢書、パリ、F・アルカン社、一九三六年。

デカルト、ライプニッツ、スピノザ、ヒュームは、イマージュと思惟との関係をそれぞれ別様に考えていたようであるが、それでも、イマージュに関する暗黙の定義においては一致した見解を示している。すなわちイマージュとは、再生する知覚であり、あらゆる点において知覚に比べうるものだというのである。それは感覚内容であり、場合によっては、思惟の変形されたものであったり受けた印象の変形されたものであったりするのだが、いずれにしても思惟する者の実的部分であり、結局は内的事物なのである。実験心理学は決してこうした考え方を問いなおすことはあるまいし、それを内感の所与とつき合わせてみることもないだろう。人々はイマージュの秩序をその準＝物理学的関係に従わせ、そうした関係が存在しているというそのことに対しては、決して異議をさしはさまなくなるのである。テーヌの心理学は或る種のイマージュの観念に支配されているが、この観念は彼自身が直接分析を行なうことによって形成したものではなく、心理学を物理学に似せようとすれば必要になってくる要素を手に入れるため、『知性論』の序文以来ア・プリオリに導入してきたものである。リボーの心理学は生物学にヒントを得ている。それゆえ彼は、心的作用の統一を強調するに決してやぶさかではないが、その彼がたとえば創造的想像力を分析しようとする時に用いる解離・連合・綜合的因子などは、構築物以外の何ものでもないのである。「この創造のメカニズムは、すべて全くの仮説である。したがってリボーもテーヌと変わりはなく、事実を記述することに意を用いてはいない。彼は説明から始めているのである」（四一〔四六〕ページ）(三六)。

　それではイマージュの概念は、ベルクソンにより、意識の直接与件に従って修正されたと言うべきであろうか。なるほどベルクソンは、イマージュと感覚との間に本性的差異をおかねばならないと明言している。だが実際には、彼の哲学が彼自身にその差異を放棄するよう迫るものであることが分かるだろう。というのも、ベルクソンがイマージュの問題にたどりつくのは、意識・対象・身体といった彼自身の概念を確立した後のことであるからだ。そうした形而上学的前提に対する検討や、イマージュについて下された結論に対する検討がJ・P・サルトルのこの著作中の二〇ページほどを占めており、その部分は非常に内容が濃く熟考に値するが、ここにはその概要を取り出すことしかできない。サルトルの最初の批判は、主体の概念に関するものである。ベルクソンの意図は、意識をその「諸状態」の内に閉じ込める考え方と袂を分かち、知覚に対し事物への直接的な開けを確保することであったが、彼が非難されるのはそこではない。ベルクソンが非難されるのは、こうした方向で解決を求めるよりもむしろ妥協をはかったからである。彼は、世界が主体の内で表象となるための準備として主体を純粋知覚と呼び、事物が思惟となるための準備として事物を「イマージュ」と呼ぶ。だが一方では、これらの用語はきわめてあいまいな意味で捉えられており、「イマージュ」と「純粋知覚」とは「世界」に対する別名にすぎず、この場合にはまさに意識が演繹されるべく残されていることになる。いわんや存在するもの esse が知覚されるもの percipi を含意することなどはありえない。(三七) また他方では、事物を「イマージュ」と呼ぶことによって事物の内に拡散した意識のようなものを持ち込み、そこから次第に人間精神へと移行してゆくが、自我を欠いた意識とは一体何であろうか。「そのような意識は〔……〕一つの資質として、与えられた性格として、ほとんど実在の実質的形式のようなものとして現われてくるのである」(四四〔五〇〕ページ)。そこで今度は、生きた身体こそが、またその身体を外皮とする「不確定の中心」こそが、意識化という事態を説明するものだといって反論しようとも、

「その場合には、意識が捉えうる受動的な実在物を〈意識〉と呼ぶことは不当であろうし、彼は、意識的なものとしての世界からではなく、世界を前にした意識から出発する形而上学に舞いもどることになるだろう」（四七〔五二〕ページ）。――サルトルの第二の批判にさらされるのは、やはり、物質から精神への移行であり、純粋知覚から記憶への移行であり、ベルクソンの融合主義なのである。もし本当に（ベルクソン的意味における）イマージュにとって、意識的であることが切り取られることにほかならないとすれば、私が対象を知覚するのをやめるや否や、私の身体の方も、認識対象を世界の内に画定してゆくような生まれつつある行為を描き出さなくなるのだから、またそれゆえ、知覚が終わるや否や認識の諸条件が結びつかなくなるのだから、どうして追憶というものが、ベルクソン的無意識の中に個人的な生を保持することなどできるのであろうか。いかにして現在は持続する心的実在をとどめ、また、想起しうる過去へと変わるのだろうか。「純粋な行為である現在はいかなる二分法によっても、活動せぬ過去、純粋な観念である過去を生み出すことはできまい」（五一〔五六〕ページ）。精神とは記憶であると言うことによって全過去は一挙に与えられるだろうが、それはあらゆる説明を拒否することにもなるのである（三八）。では、現在が絶えず追憶の内に「二分化する」ということを認めてみよう。追憶は己れの運動枠の再生によって意識され、甦り、古い画像は再びわれわれの目に映ずるようになる。だが、追憶は知覚とどこが違うのか。追憶が呼び起こされるのは、それが身体的態度にはまりこむ場合のみである。しかしそのようにはまりこむのならば、追憶は現在だということになる。われわれは追憶が過去に送り返されるということをどのようにして知るのだろうか。これこそが記憶の真の問題なのである。過去の複製や写しが保存されていると考えることも、それが再生するのだと考えることでさえも、まだ十分ではない。大切なのは、それらが過去を示すものとして理解されることである。ところがまさしく、追憶とは――たとえ「潜在的な」状態であろうとも――自らを保存する一つの光景であるとする限り、この存続する現在がいつか過去という姿をとり、絶えずより深い過去のパースペクティヴの内に配置されうるのはどのようにしてであるか、ということを理解する道が断たれてしまうのである。記憶のまさに本質をなす過去の呈示というものを理解するためには、追憶が自らを物のように保存しているという神話を捨て、その代わりに、私が過去を識別する行為の厳密な分析を行なわねばなるまい。しかしながら先ほどの三人称の追憶は、ちょうどベルクソンの追憶的イマージュにあたっている。追憶的イマージュは「白日の下にのしあがろう」とし、「運動し始める」(五五〔六〇~六一〕ページ)というが、こうした考え方は、自己原因性を備えた過去の断片という連想主義のイマージュに酷似しているのである。実際ベルクソンは、連想主義的メカニズムに知的努力を重ね合わせはしたが、図式の次元の下方に「イマージュの次元」を存続させてもいた。連想主義は部分的真理、すなわち弛緩要因という真理にとどまるものであり、そのようなものを考慮に入れるのは不可能であって、もしもここで考えられているようなイマージュを認めるならば、思惟の志向作用がまるで分からなくなってしまうだろうということを理解しなければならない。イマージュの唯物論は思惟の志向作用を汚染し、論じられるのは図式とイマージュとの間の引力と斥力だということになり、次には思惟の方が、事物に働きかける力のようなものとして第三人称で理解され、それは意味を捉えることではなくなってしまうだろう。

では、イマージュの古典的概念をそれ自体で考察してみよう。そうすればそれが、「真のイマージュの特性」という問題と、思惟とイマージュの関係という問題との、二つの本質的な問題に対するいかなる妥当な解決をも受け容れないものだということが分かるだろう。古典的な考え方は、たとえイマージュを「薄められた」感覚（テーヌ）として扱わない場合であっても、少なくとも、知覚とイマージュとは判断の作用によって中性的な表象から構成されたものであるということを認めている。一個の孤立したイマージュと一個の孤立した感覚とは区別がつかないだろうし、その表象が知覚となるかイマージュとなるかは、それが真の世界の論理的コンテクストの内に挿入されうるか否かによるのである。だが実際のところ知覚野には絶えず、光、聞きなれぬ音、きしみ、即座には説明のできぬ現われ、といった偶発事が横行しているのだが、それにもかかわらずわれわれは決してこれらをイマージュによるものとはしていない。知覚はそれがどれほど意外なものであろうとも、常にそれ自体が明証的であり、「認識の第一の源泉」（一〇七〔一一二〕ページ）としてわれわれに現われ、われわれの判断は可能な限り知覚と折り合いをつけるものである。逆にわれわれのイマージュは、ほとんどの場合、意想外のものは何ひとつ持っていない。「われわれがイマージュとして考えつくものは、今にも起ころうとしていることにほんのわずか先んじているか、たった今起こったことにほんのわずか遅れてくるかに過ぎない」[三九]。真の世界の「無限の照合体系」に結びつけられたイマージュは、その体系とかなりよく一致するであろう。「このような条件の下では、知覚は時々刻々に夢想を克服しなければならず、絶えず、ただの推定にもとづいて或る形象の現実性を否定したり、決定的な理由もなく別の形象の現存性を肯定したりする危険を犯さねばなるまい。これほどにも苦労して構成された感覚的世界には、常に、いかにも本物らしい視像ではあるが、その権利ありという確信は決してないのに、それを遠ざけねばならないような多くの視像が満ちていることになるだろう。こんなふうに記述される世界、ものの外見を決して修正し尽くせない世界、つまりそこでは一切の知覚が克服であり判断であるような世界は、われわれを取り巻く世界とはどんな仕方によっても一致することはないのである」（一〇八〜一〇九〔一一三〜一一四〕ページ）。――そのうえ、イマージュに関する古典的な考え方は、イマージュが思考に役立ちうるということを理解させてはくれない。もしもイマージュが連合的引力に応じて現われたり消えたりする感覚内容であるとしたら、思惟はイマージュへの手がかりを欠き、イマージュは思惟の思うようにはならず、そしてイマージュは世界の事物でもなく、まさにその「内的」等価物でしかないことになる。諸関係が把握され判断が形成されるようになろうとも、それは瞬間的ですぐさま砕け散ってしまう思惟の行為においてであるだろうし、イマージュの流れは刻々に「主導的テーマ」(一一六〔一二二〕ページ)を逸することになるだろう。したがって、多くの著者たちが行なったようにに、感覚内容であるイマージュがおまけとして意味を担っていることを認めるだけでは十分であることにはなるまい。感覚内容もしくは準＝感覚内容としてのイマージュは、やはり思惟にとって不透明なままにとどまり、その固有の惰性を思惟に対置することになるであろう。意識は本来、純然たる所与というものを認めないのである。

この命題は明白なものだ。——ただそれには、もしわれわれが意識の本性について熟考することを望むならばという条件、そして意識を、物理的事物の世界と並行しつつそれに似た「心的事象の世界」として描き出すような混乱した考えに甘んじなければという条件がついている。われわれの知っている存在者の目録を作成してみれば、それは二つの型に帰着するということが気づかれるだろう。一つは、自らを生み出す自発的存在者であり、これは意識という存在者である。もう一つは、条件づけられてはいながら私の意志からは独立している存在者であり、これは世界の事物という存在者である。感覚内容や古典的イマージュも後者であるが、それというのも私は、それらを「待ち」「解読し」「観察し」なければならないからである。意識が自発的に存在するということは、意識が認識すると同時に己れをもまた認識することを意味している。実際のところ、もし意識が無自覚な認識力でしかなければ、それは意識自体に一つの出来事として与えられることになるだろうし、したがって存在の第二のカテゴリーに入ることになるであろう。私の意識作用はそれ自体が、たとえば私の身体の状態によって条件づけられていると主張することもできるだろう。だがそうした事実が、われわれの起点となる明証性に対立することはありえない。この明証性を放棄することは、人が言わんとしているところを知るのを断念することである。ユークリッドの命題がユークリッド空間に妥当しないことを立証できるような事実は存在しない。コギトによって確認される意識の自発的な存在から出発してこそ、身体から心への、見かけは他動的な作用を考えるよう努めるべきであろう。いずれにしてもわれわれには、もはや、矛盾なくして意識の「内に」古典的イマージュのような「内容」を認めることができないのは確かである。つまり、もし意識が自分自身を生み出すものならば、その代わりにイマージュを喚起したり選択したりすることはできないだろう。なぜなら、イマージュのような不透明で惰性的な内容は、それと同じ本性をもった力によってしか、意識的存在へと呼び起こされたり無意識へと送り返されたりすることはできないからであり、そして、意識は力ではないからである〔一二五～一二六〔一三〇～一三二〕ページ〕。それゆえ、われわれはイマージュ概念の改革を迫られ、心理学が無批判に使用している概念の大半にも同じように見直しが必要となり、それらは意識の実際の作用と突き合わされねばならなくなるだろう。これがフッサールの形相的心理学の目的であり、そしてここで、心理学者たちの隠蔽していたことが探り当てられるのである。周知のごとくフッサールにとって、意識に関する真理をわれわれに与えてくれるものは、実は形相的心理学でさえないのであって、その真理は、われわれが自然的態度を捨て、通常の認識やすべての科学がとっている実在論を捨て、あらゆる事物を意味に変ずる超越論的態度をとる場合にのみ達成されうるのである。心理学者たちがこの新たな形而上学的気晴らし（と彼らは信じている）に対して、ほとんど興味を示さないのもよく分かる。だがそもそも、形相的心理学も超越論的現象学も、実験心理学や帰納的心理学にとってかかわろうとしているのではない。フッサールは、前者の後者に対する関係が数学の物理学に対する関係と同じであると、一度ならず語っている。物理学は、幾何学というあの空間の形相を利用するようになった時から、物理的対象の決定を完全なものにしてくれるだろうと思われる他のさまざまな形相を必要としながら、進歩してきたのである。同様にして「心理学もやはり、自己の形相的原理を求めている一つの経験論なのである」（一四二〔一四八〕ページ）。そのような形相的原理がなければ、われわれは自分が何を論じているのか分からないので、いかなる経験も同じ意味にとどまることがなくなってしまう。したがって、形相的心理学は経験を無視するためのいかなる口実でもなく、逆に経験の意味を了解するための方法であることが明らかになる。さらに、あの本質の分析を頼りにすることや超越論的態度に訴えることさえも、少しも任意的なものではないのである。それらはイマージュの古典的な諸概念への反駁であり、結局は「イマージュとは何か」という問いをたて、イマージュの本性《ナチュール》（もしくは本質《エサンス》）を問わしめるものである。また同様に、たとえわれわれが意識をさまざまな意識的出来事に解体することを拒んだり、意識の内に物理的因果性にも匹敵するような一種の因果性を移し入れることを拒んだりするとしても、だからといって超越論的態度への移行はそう恣意的に行なわれるものではない。それは、意識に対するわれわれの処遇に意識の本性そのものが逆らうからであり、われわれは心理学に対し、結局はその対象にふさわしい概念や説明様式を練りあげるよう促されるからである。

　それゆえ、この新しい心理学にとって、イマージュはもはや内的事物とはならない。イマージュは、一般に漠然と論じられているように単に「意識的」であるだけではなく、「意識」でなければならないのである。私がたったいま知覚した一枚の紙のイマージュは、私が自分の内に持ち込みそれを通して知覚対象を再把握するような模像ではない。私は過去の画像を持っているのではない、とアランが言ったのは正しかった(四〇)（それに、もしも私がそのような画像を所有しているのであれば、第二第三と無限に続くイマージュの助けを借りずして、どうやって当のイマージュを同定するのであろうか）。しかし彼は、あいまいな知覚を利用すればすべてが誤った信念に行き着くと考える限りで間違いを犯したのである。もしそれが本当であれば、想像力は常に肯定的なものであり、常に錯覚であることになるだろう。ところがまさに、対象が現存することを肯定しないのがイマージュの特性なのである（一三六〔一四一〕ページ）。実際にそれを見たあとで私が想像《イマジネ》する紙片は、さきほど見ていた紙片とまさに同じものであるが、いったい「これは本当にその紙片そのものなのだろうか。そうだとも言えるし、そうでないとも言える。たしかに私はそれが同じ性質をそなえた同じ紙片であることを確認する。しかし私は、その紙片があそこにそのまま残っていることも知らないわけではない。私は自分がその紙片の現存を享有していないことを知っているのである」（二一〔八〕ページ）。いわゆるイマージュとは、見られるものではなく、知覚された事物のように私に己れを押しつけてくるものではない。友人ピエールのことを考える場合、私は「精神のまなざし」の下に以前の知覚の複製を手に入れるのではない。「この〈縮刷版のピエール〉、意識によって運ばれるこの一寸法師《ホムンクルス》は決して意識ではなかった。それは心的存在の間にまぎれ込んだ物質世界の対象物だったのである」（一四八〔一五三〕ページ）。イマージュと呼ばれるものは、知覚の中で意識に与えられたのと同じ対象を意識が直接めざす行為である。「存在するのは、知覚の対象であるとともにイマージュの対象でもある同じただ一人のピエールだけであり」「イマージュとは、対象をめざすためにとる意識の或る在り方に与えられた名称にすぎず」、ピエールのイマージュは「現実に存在するピエールをめざす可能な仕方の一つなのである」（一四八

〔一五三〕ページ)。ここにはまだ、このような行為に特有の構造を研究することが残されているように思われるが、それは、一般的な意識作用の分析によって、さらにはそうした作用がとるさまざまな様相の分析をまってしかなされえないものである。こうした作業は、フッサールの既刊の著作においてようやく着手されたばかりであり、J・P・サルトルは彼の第二の著書で、想像力に関し、この作業を継続しようとしているのである。

J・P・サルトルが出版したばかりのこの『想像力』によって、彼のまわりには必ずや、非常に注意深い読者層ができることだろうが、サルトルが常に公平であると言えばいささか誇張にもなるであろう。たとえば、『物質と記憶』の「イマージュ」にもっと深い意味を見出すこともできるのである。ベルクソンは世界を「イマージュ」の総体として描き出すことによって、「事物」は「意識の諸状態」に解消されてはならないし、われわれに見えているものを超えた実質的実在の内に求められてもならないということを示そうとした。これは、ごくおおざっぱに言うならば、まさしくフッサールのノエマを予感させるものであるだろう。同様にわれわれは、サルトルがイマージュにおける素材と形式との区別について、それを幾人かの心理学者たちの内に見つけ出す場合には厳しく批判しておきながら(八九、一二六〜一二七〔九五、一三一〜一三三〕ページ)、フッサールのヒュレーとモルフェーとの区別にはあまりにも軽率に同意しすぎていると考えることもできる(一四六〔一五一〕ページ)。——このヒュレーとモルフェーとの区別こそ、フッサールの学説において、ドイツ本国でも疑義をさしはさまれ、また事実最大の困難を呈してもいる争点の一つなのである。

だが、たとえこうした公平さに欠ける部分があるとしても、それはこの書のたぐいまれな美点によって埋め合わせがつく。ここには、厳格で強靱な批判的思索と、一貫して見事な表現力とが示されているのである。

J・P・サルトル著『蝿』

『蝿』の出版は時宜にかなっている。舞台用に書かれた作品は上演を目的として作られており、観客のみが判者となる。とはいえ観客も、見たり聴いたりすることはしなければならない。ここで、演劇界とは無縁でありそこでの野心も持ち合わせていないような熱心な観客たちと同席していながら、何人かの批評家は見ることも聴くこともしなかったということを、われわれはよく考えてみる必要がある。出版というものに対してこうした批評家たちが不安の色をあらわすとしても、何の驚くことがあるだろうか。出版された作品を前にしては、ごまかしはききにくい。読者は訴訟の一件書類を手にしているのである。では、ご一緒にそれを検討してみよう。

まずもって、上演する場合でも戯曲を読む場合でも、批評家が『蝿』の主題を、オレストの「性格」やエレクトルの「精神状態」や例の〈父無し子の復讐〉などに求めるのが誤りであることは一目瞭然となる。アイスキュロスにもソフォクレスにさえも心理描写はほとんどないし、その観客たちを惹きつけていたと思われるものも、伝説からとってこられた筋立てではない。ギリシア人たちは、悲劇的な状況におかれた英雄を、すなわち、危機に瀕した自由を見せるための一つの演劇を創り出したのである。「では、エレクトルのような人物はどうなのか？」と批評家は言うだろう。もちろん彼女だって同じことだ。もしもギリシアの伝説が自由というドラマのための最良のシナリオであるならば、それも当然のことではないだろうか。

この自由という言葉こそ、『蝿』の中に登場すること一〇回にものぼりながら、ほとんどの書評でただの一度もとりあげられることのなかったものである。では、自由には演劇的価値はないのだろうか。そう考えることもできるだろうし、オレスト自身もまた、自由であるとはいずこにも参加しないことだと長いあいだ信じていた。祖国もなく、家族もなく、教僕と旅とによって習俗の相対性を知らされたオレストは、確信も拘束もない漠とした雰囲気の中を漂っていた。だが、彼にもこの自由に倦む時がやってくる。彼は、本当に存在し、足の下に大地を感じ、人々の内に加わりたくなるのである。(四二)では、彼はみずからの自由を棄て、呪われた一族のもとに帰り、アトレウス家の罪に汚れた古い遺産を己れの意志で再び引き受けようというのだろうか。人が拘束されずにいることを望まなくなれば、そこに残されているのは、もはや秩序に仕えることでしかないのだろうか。オレストが無関心という自由と慣習という宿命とのはざまに第三の道を見出すのはここである。彼はエジストや母を殺し、再びアルゴスの人間となり、すべての人々は彼が何者であるかを知るようになるだろう。人は何者でもない時には自由ではなく、かくあろうと選択したところの者となる時にこそ自由なのである。オレストは参加するだろう。だが、エレクトルのように屈辱や羨望の中にあって、中途半端になってはいけないのである。普通の人々は自分のなすことを半分しか欲してはおらず、決して全面的にそれに没頭することはない。彼らは決して自分の行為になりきることはなく、自分自身から隔てられており、自己を嫌悪しており、生きようとはせず、死と共謀し、秩序や悔恨や神々の庇護のもとに身を寄せる。なぜなら、彼らは自由を怖れ、みずからを厄介払いすることしか求めないからである。これに対して、真に自分のなすことを欲し、何の留保もなく行動する人間であるならば、——情念も法も神々も、その人間が自己に忠実であり、自己を愛し、人生を愛することに反対するいかなる力も持ちはしない。(四二)オレストは、情念の古いサイクルに復帰したように思われるちょうどその時、このサイクルを破壊する。そして彼がそれを破壊するのも、自分一人のためではない。なぜなら、オレストの罪は純粋な罪であり、自由から来て自由にのみ向かうものであるからだ。彼は君臨するために殺したのではなく、アルゴスの人々に生きる勇気を与えるために殺したのであった。(四三)だがこの模範的な行為は、彼がアルゴスの人々にしてやれるただ一つの贈り物である。なんびとといえど、彼らに代わって生きるための態度決定をなしうるわけではなく、各人はたった一人でそれを試みるのである。たとえエレクトルが罪の果てまでオレストに従っていたのだとしても、両者はともに自分に責任があることを感じていたであろう。それゆえ、どんな場合にも「共有されていないさまざまな記憶」(四四)というものが存在するのである。オレストが真の自由に満たされると、或る種の安逸や本能的喜び——まさしく人々が、大地や死の内に追求し、自分たちの新しさや自分たちの生の忘却の内に追求するこの平和——は永久に彼から失われてしまった。ひとたび決心すると、彼は自分から青春が、あるいはむしろ幼年期(四五)が消え去ってゆくのを感じ、寒けを覚える。自由は自然と対立する。自由は、人間が安定へと向かう力を疑問に付し、ありとあらゆるものがそれぞれの目的へと向かう世界、すなわち、植物が植物の形相へ、穀物が穀物の形相へと向かうような世界から、暴力的に人間を切り離す。ジュピテルが終幕の崇高な場面で語るように、万物がオレストに対立するのである。(四六)さらには、彼自身の肉体も彼に対立する。「ひょっとしておまえは、いつかはぼくも母の顔を忘れてしまうだろうなどと思っているのかい」(四七)と彼はエレクトルに語る。眠りに誘う甘い力に抗して立ちあがったこの自由な人間は、世界というダイヤモンドのキズ、自然の肉にささった棘のようなものである。(四八)彼は完璧な世界の表面にあって、ぎごちなく、顔をしかめ、孤立無援である。(四九)結局のところ、無垢や自然の恵みなど人間にあっては不可能なのだ。人間は自由でなければ、情念や悔恨の虜となるだろう。それゆえ、人間が自由であることを望まねばならない。選択はこの〈困難な生〉と〈墓場の安らぎ〉との間にある。これが『蝿』のもっている悲壮さなのである。或る批評家は自然主義の作家たちやドストエフスキーをひきあいに出すべきだと考えたが、彼らは明らかにここで何の役にも立ちはしない。『蝿』の悲壮さには高貴な文体がある。それは言うなれば、逃亡することを拒み、命とひきかえに自由の証しをしたソクラテス(五〇)、あるいは、嫉妬の錯乱に抗して自由の証しをした『パルムの僧院』のモスカ伯爵にたとえることもできるだろう(五一)。度し難いのは、この悲壮さを解さぬ者である。

　戯曲に無理解な者が、舞台での上演をどうして理解できるだろうか。第二幕の実に見事な場面では大司教が死者たちを呼び出す。彼らは年に一度、生者を自分たちの方にひき寄せるために、市中にあふれ出てくるのである。「テアトル・ド・ラ・シテ」(五二)での演出は、黒人の儀式のスタイルをとっていた。それを批評家は揶揄して、黒人芸術の回顧展であり、一九二五年の美学であると言う。だがこの批評家は、黒人の儀式が一九二五年に始まったものではなく、黒人の国では今も存続しており、いたるところ、われわれの習俗の内にまでもあり、そしておそらくはアルゴスにも存在していたのだということを忘れているのである。ニーチェが見てとっていたように、ギリシア人たちがいかなる恐怖と残酷さとの〈地〉の上に自由を出現させていたかを一挙に理解するためには、「写実主義的」である必要はない。たとえば八月の或る昼下がりに、茫然自失した状態で一時間ばかりテーベの街角にとどまったことがあり、射るような陽ざしをわが身に感じたことがあり、そしてその市場の汚さや悪臭や蝿の群れを思い出すならば、それだけで十分なのである。それゆえ、批評家が汚らしさについて語り、サルトルをゾラになぞらえてみようとも、われわれは、一九〇五年にもう一人の批評家(五三)がセザンヌを「酔いどれの肥汲み人夫」扱いしていたことを思い出し、それを気にせずにいられるであろう。

だが批評家が失敗するということは、それが頻繁に起こるものであり、また周知のものであるために、やはりそれによって一つの問いが立てられることになる。つまり、批評家が人々に勧めたがらないような作品が、いかにしてひとりでに人々に受け入れられるようになるのだろうかという問いである。「教養のある」批評家の分別を超えたところに、誠実な作家と気取りのない観客との好ましい共犯関係が存在することを信じなければならない。ある種のあまり重要でない教養――器用さ、雄弁、文章の激しさ――は、理解の素地を作ってくれはしない。だが逆に、観客が演劇に参加してゆくならば、彼は主題の大きさを「知覚」し、一挙にして作家の意図に通じることもできるのである。

実存の哲学

この講演はモーリス・メルロ＝ポンティ氏が、一九五九年にパリ大学都市のカナダ館で行なったものである。司会は、現在オタワの〈市民権・移民〉担当大臣補佐官であり、当時の館長であったシャルル・リュシエ氏が務めている。これは後日（一九五九年十一月十七日）、ラジオ＝カナダの『講演』の時間に放送された。メルロ＝ポンティ氏の談話を再録する許可は、シャルル・リュシエ氏と、ラジオ＝カナダ協会のフランス語放送部門部長であるジャック・ランドリー氏から与えられており、ここに『ディアローグ』誌の読者を代表し、心から御礼申し上げる次第である。

主催者側の要望に従って、メルロ＝ポンティ氏は原稿を用意しなかった。氏は言葉を選び、時にためらいを見せているが、われわれは、氏自身が自己の考えの最良の表現であると判断したように思われるもののみを書きとめることにした。

本日は、実存主義というよりもむしろ実存の哲学についてお話しいたしたいと思いますが、その理由はもうお分かりいただけることでしょう。実存主義という呼称はどうしても、サルトルの影響を中心として、一九四五年以降にフランスで起こった哲学運動だけを指すことになってしまいます。しかし実のところ、この運動にも来歴があるわけで、それは哲学思想の或るひとつの伝統全体に結びついているのです。これは長々と入り組んだ伝統なのですが、それというのも、現にまずキェルケゴールの哲学が問題となりますし、つぎにドイツではフッサールやハイデガーのような哲学が、またフランスではサルトル以前にさえ、ガブリエル・マルセルのような哲学が問題となってくるからであります。ですから、ここにあげましたこれら周知のさまざまな試みに対し、サルトルの試みだけを切り離して考えるのはきわめて難しいということになるのです。たしかにサルトルには独創性があります。しかし、それでもやはり彼は或る思潮の全体に依存しているのですから、彼の哲学的、あるいは哲学＝政治的な試みをそれだけで捉え、その他のものから分離してしまうのは、私には全く不可能なことだと思われました。そのようなわけで、まず私は、実存思想がフランスに導入されることになったいきさつを描いてご覧に入れようと思います。

実存思想の導入は一九三〇年から一九三九年（第二次大戦に先立つ一〇年間）にかけて行なわれましたが、ご存知のように、サルトル的な意味での実存主義が現われ、現実化してきたのは一九四四年から一九四五年以降のことです。ですから私は、このサルトル的実存主義が誕生する少しまえに遡ることにいたします。そしてまた、この時期に介在する思想家たちを個別に考察することは、冗長かつ困難で退屈にもなりますので、話をできるかぎり、簡略化して進めてゆこうと考えております。まず手短に検討すべきは、サルトルや私自身が学生であった頃――と申しますのも私どもがほぼ同年齢であるためですが――、すなわち一九三〇年頃の、フランスにおける哲学的状況がいかなるものであったかということです。続いて、先ほど申し上げましたように、「実存の哲学」という名の下にまとめられる思想家たちの影響で、この哲学的状況がいかに動揺し深い変容を受けたかということを明らかにしてみようと思います。それによってわれわれはサルトル的試みへと到達し、その試みのどこが他と似ており、また逆にどこがサルトルの才能のより個性的で独創的な部分と結びついているのかを、はっきりと見きわめられるようになるでしょう。以上が、どうしても制限されてしまいます私の持ち時間の中で、もちろんごく簡単にはなりますが果たそうと考えているプログラムであります。

＊＊＊

私が哲学の課程を終えた一九三〇年頃、フランスにおける哲学思想という点からすれば、事態はどのように見えていたのでしょうか。そう、二つの勢力が、二つの勢力だけが支配的であり、さらにその前者の方がはるかに重要であったと言うことができるでしょう。当時フランスで最も重きをなしていた哲学思想は、レオン・ブランシュヴィックのものでありました。今日、フランス以外の国で哲学を修めている人々の間にレオン・ブランシュヴィックの名が通っているかどうか、私にはわかりません。私どもが学生であった頃、彼には絶対的な名声が備わっており、それはいかにも彼にふさわしいものでありました。そしてそれはどうやら、彼が守り私どもに教えてくれた哲学によるものであるというよりは、むしろ彼の並外れた人物的価値のおかげであったように思われます。彼は詩作にも文学にも精通した哲学者であり、素晴しく教養のある思想家だったのです。哲学史に関する知識はこのうえなく深いものでありました。再度申し上げますが、彼は、その学説のあげた成果によってというよりは、個人のもつ博識や才能によって第一級の人物であったのです。(五四) さてそれでは、彼は一体どのような学説を私どもに示し、おおよそどのような指針を与えてくれたのでしょうか。哲学の専門的なところに立ち入らずお答えするならば、そうですね——それを手短に言い表わすことができますが——

ブランシュヴィックはカントが了解していたような観念論の遺産を私どもに伝えたのだと申し上げねばなりません。この観念論はブランシュヴィックにおいて柔軟にされてはいるものの、やはり結局のところ、ごく概略的にはカント的観念論でありました。ブランシュヴィックを通して私どもが出会うのはカントでありデカルトであり、つまり要約すればこの哲学は、主に反省の努力、自己を振り返る努力のうちにあったということになります。身のまわりの対象に関するわれわれの知覚が問題になろうと、学者たちの活動が問題になろうと、いずれにしても彼の哲学は、外的知覚をも、学の構築をも、精神活動の仕業として、つまり精神の創造的で構成的な活動として捉えようとしていたのです。これがブランシュヴィックの思想の真に変わることのない主題であり、彼にとって結局のところ哲学は、学者たちが対象の方に向けていた視線を、学問の対象を構築する精神の方に転じるという、まさしくそのことでありました。以上がこの哲学の概観です。それゆえ、この哲学の内容がかなり貧弱なものであったということは、あえて申し上げておかねばなりません。

ブランシュヴィックは、さまざまな学問や科学史や哲学史に関する驚くほどの博識を備えていました。しかし、哲学者として彼が私どもに教えるべきであったことは、ほとんど常にデカルト的な省察のうちにありました。つまり彼は、事物から、その事物の像を構築する主観へと復帰するのです。結局のところ、純粋哲学に関する彼の主たる貢献は、次のことをわれわれに知らせてくれたところにあります。つまり、われわれは精神に目を向けねばならず、学を構築し世界の知覚を作りあげる主観に目を向けねばならないが、この精神、この主観については、何か長々と哲学的記述ができたり哲学的説明を与えることができたりするものではないということを知らせてくれたのです。これはブランシュヴィックが好んで用いた定式ですが、彼はよくこう言っておりました。人々は「一者」にあずかっているが、この「一者」とは精神の謂であると。それを「一者」であると表現することによって彼が言わんとしていたのは、この精神が万人にとって同一のものであり、普遍的理性であるということでした。しかし彼はまた、以下のように語ることによって、この精神をあらゆる種類の存在者に対置することをも望んでおりました。すなわち、あなたの精神も、私の精神も、他の人々の精神も存在しない。いや、存在するのはわれわれすべてが参与している思想の一つの価値なのであり、結局、哲学というものは、われわれの全思想がこのただ一つの原理に帰着するというところに終始するのである、と。哲学史の全体を通じてブランシュヴィックが追求していたのは、この精神性の自覚というものでした。彼によると、さまざまな哲学は自覚することに成功している限りで価値をもつのであり、彼はこの規範、この規則によってあれこれの哲学を評価していたのです。

ブランシュヴィックの影響と同時に、たしかにもう一つの哲学的影響がありました。しかしこれはさまざまな理由から、やや遠景に退いた形になっております。それはベルクソンの影響です。一九三〇年にベルクソンは教職を去っていたことにご注意下さい。彼は著作に専念するため定年に先がけ、かなり早い時期から職を辞しており、(五五)したがって一九三〇年にはもはや教鞭をとってはいなかったわけです。そのうえ、彼は一度も大学で教えたことはなく、一九〇〇年以来ずっとコレージュ・ド・フランスの教授を務めておりました。彼は一度もソルボンヌにいたことはありませんし、大学に所属したこともありません。また長い間——とはいえ、私の学生時代にはほとんど無くなってはおりましたが——しかし結局、非常に長い間、より合理主義的な——少なくとも当時は合理主義的な推論が行なわれていたのです——ソルボンヌの側からの或る種の敵意、ベルクソニスムに対する敵意が存在していたのだということを申し上げておかねばなりません。こうした理由によるものでしょうか、それともまた、私どもが哲学の勉強を始めた時、ベルクソンが私どもにとってすでに制度づけられ確立された何者かであったからでしょうか、(五六)あるいはその結果——学生の常として——私どももそれとは別のものを求めるという傾向にあったからでしょうか、いずれにしても一九三〇年頃、ベルクソンの影響はさほど大きくはありませんでした。

しかしそれでも、この影響について、またこの影響が波及しえた方向について一言しておきましょう。もしもベルクソンの影響が私どもに及ぼされることがあったといたしましても、それは、ブランシュヴィックによって私どもにもたらされたあのカント主義やデカルト主義とはまるで違った方向になっていただろうと思われます。実際、皆様もよくご存知のように——と申しますのも、ほとんどなたも多かれ少なかれベルクソンを知っていらっしゃるからですが——、ベルクソンの哲学は観念論とは全く異なっており、コギトへの回帰、思考主体への回帰から始めるようなところは少しもありません。それはきわめて異なった手続きに始まりますが、その手続きとは、ベルクソンが意識の直接与件と呼んでいたものへと立ち戻ることです。つまり、私は自分自身を、まずは哲学の第一真理として捉えはするのですが、しかし純粋な思考としてではなく、持続として、時間として捉えるのです。ところで、たとえば『物質と記憶』においてベルクソンが携わった分析の示しているところでは、時間を考察するのであれば、またとりわけ時間においては、現在という次元が検討されねばなりません。それに、ベルクソンにとってこの現在という次元は、身体の考察と外部世界の考察とを包含しております。彼は現在を、〈それに対してわれわれが働きかけを行なうもの〉として定義いたしました。そしてわれわれは、明らかにわれわれの身体によって働きかけることになるのです。したがって、すぐさま理解されますのは、ベルクソンがまず最初に注意を促すこの持続が、われわれの身体との関係、さらにこの身体を介する世界とのいわば肉的な関係を含んでいたのだということです。

それゆえ、もしも私どもがベルクソンを読み込み、彼について熟考していたならば、必ずや或る哲学の方へ、さらに言えば、ブランシュヴィックによって方向づけられていた哲学よりもはるかに具体的であり、はるかに反省的ではない哲学の方へと引き寄せられていたことでありましょう。実際には残念ながらベルクソンは、われわれの世代にはあまり読まれておりませんでしたので、私どもは、彼がわれわれに教えることもできたでありましょうかなりの部分を知るために、実存の哲学を待たねばなりませんでした。これはきわめて確かなことでありますが――そして今日ますますはっきりしてきたことでもありますが――、もしも私どもがベルクソンを入念に読んでおりましたならば、それから一〇年あるいは一五年が経ち、私どもが実存の哲学の功績だとみなすようになったさまざまな発見を、彼は私どもに教えてくれていたことでしょう。

⁂

しかし結局、私どもが恩恵をこうむったのはベルクソンからではありませんでしたので、それではいよいよ、私どもが学業を終え、全員が地方のリセで教え始め、博士論文の準備にかかっていた一九三〇年から三九年までの時期へとまいりましょう。(五七) この時期は私どもにとり、フッサール、ヤスパース、ハイデガー、そしてフランスではガブリエル・マルセル、また特に『エスプリ』誌、(五八) これらを通してもたらされた実存の哲学が登場してくる重要な時期でありました。『エスプリ』誌は、多分皆様もご存知だと思いますが、今も刊行されています。この雑誌は当時、みずからも哲学者であったムーニエの指導の下で、実存の哲学のさまざまなテーマをとりあげる傾向にありました。同誌によって私どもが惹きつけられていたいくつかのテーマの特徴を、手短に描き出してご覧に入れましょう。

カントやデカルトの観念論的な型の哲学に対し、実存の哲学はまず、それとは全く別のテーマ、すなわち受肉のテーマを優先させることによって私どもの前に現われてまいりました。ガブリエル・マルセルの初期の論文、たとえば『形而上学日記』あるいはそれ以前に刊行された論文にさえ、このテーマは私ども全員に衝撃を与えるほどはっきりとした形をとっておりました。通常、哲学において身体、私の身体は、他者の身体や動物の体や、また結局のところテーブルや外的事物と同様に、一つの対象とみなされております。私はといえば精神であり、そしてそれゆえ、その私の面前に一つの対象であるこの身体が存在するということになるわけです。しかし、ガブリエル・マルセルが主張していたのは、事実は少しもそのようなものではなく、注意深く自己の身体を考察するならば、それを単なる一対象であるなどと考えるわけにはゆかないということでした。いくつかの点からすれば身体は私であり、彼は「私とは私の身体なのである」と言っておりました。さらにそこに関わっていたのは単に身体だけではありません。なぜなら、身体とともにわれわれの精神のまなざしにさらされていたのは、一般的にいって感覚的世界でもあったからです。ガブリエル・マルセルはかなり以前に「実存と客観性」と題する論文を公刊しましたが(五九)、その中で適切にも彼は、現実に存在する事物と対象とを対置しておりました。この対象とは、たとえばわれわれが物理的対象、すなわち、物理学者によって構築された対象について語るような意味あいのものです。われわれのまなざしに捉えられるような感覚的事物は、身体と同時に、哲学者にとって分析の一テーマとなってまいります。ドイツのフッサールが語っていたように、われわれが知覚のうちに捉えるこれらの事物は、肉においてまた骨において——肉的に leibhaftig と彼は言っておりましたが——われわれに与えられており、哲学者たちが分析しようとしているのは、われわれ自身への、世界の感覚的で肉的なこの現前なのであります。ところが、以前、特にカントの批判主義の影響下にあって哲学者たちが分析しようとしていたのは、何よりもまず科学の対象であったのです。(六〇)

皆様もお気づきだと思いますが、これは明らかにいくつかの点で、先ほど私がお話ししたベルクソンの観点と通じあうようなものではないでしょうか。しかし再度申し上げますが、ベルクソンから学ぶこともできたはずの受肉のテーマの重要性を理解するために、結局、私どもは待ち時間を節約することもなく、そのためにはあの新しい思想家たちの著作を待たなければなりませんでした。

だが、そこから提起されることになったのは、単に一つのテーマでもなければ反省の一主体や一対象でもなく、実はそれは哲学する方法であったのです。たとえばガブリエル・マルセルはこう言っておりました。哲学は、彼の言葉によれば神秘《ミステール》に関わるものであって、問題《プロブレム》に関わるものではないという特徴を呈し、この特徴によって他のあらゆる種類の学問から区別されることになるのだと。神秘と問題との間に彼が設定した相違は次のようなものです。問題とは、私の提起する問いであり、私はその問いを、私にとっては外的なさまざまの所与を考察することによって解きます。たとえば、いかにして橋を架けるかを知ろうとしたり、いかにして方程式を解くかを知ろうとしたりします。私はそこで、問題のデータを検討し、未知の部分を見出そうとするわけです。哲学の場合、これとは全く異なっています。なぜなら、哲学においてわれわれは一種のきわめて特異な問題に関わるからだ、とそうマルセルは言っておりました。それは問題を提起する者自身がその中に巻き込まれてしまうような問題なのです。彼は問題の傍観者ではなく、事件に捉えられており、彼にとってはそれこそが神秘を定義するものなのです。

もしも皆様がこのことをお考えになるならば、抽象的かつ一般的な方法で表現されていたものも、私が先ほど示したような感覚的世界の分析に基づいていたのだということがおわかりいただけることでしょう。と申しますのも、この感覚的世界においてこそ、われわれは不思議な認識と関わることになるからです。実際私は、世界に対する私の感覚的認識を、それに注意を向ける時には常にすでになされてしまったものとして姿をみせるという意味で、全く逆説的なものであると考えております。反省する時、注意する時、私の内部のまなざしは、事物に対する私の知覚へと向けられます。この知覚はすでにそこにあるものですし、それゆえ、世界に対する実際的で具体的な知覚の中でこそ、私は自我であり、語る自我であり、主体自我なのであって、私は起こっていることを理解しようとし始める時に、すでにその作用の中に捉えられているのだと言えるのではないでしょうか。したがって、ここで使っていたのは感覚的世界のモデルであるということになります。結局この哲学は、物事を扱うその仕方からして、単に一つの新たな分析テーマが出現したといったところをはるかに越えていたのであり、哲学は神秘とみなすべきであって問題とみなすべきではないという主張がなされた時、そこに示されていたのは、まさしく一つの新たな思考法だったのです。

この哲学によって初めて私どもの前に現われてきた第三のテーマは、今日あらゆる現代思想の中でなおいっそう重要度を増してきております。それは私と他者との関係というテーマです。まことに驚くべきことですが、このテーマは、十九世紀よりも以前に明確な形をとって現われてくることはありませんでした。カントやデカルトといった誰か一人の哲学者をとりあげてみて下さい。さて、この哲学者が推論する場合、彼にとって哲学者としての自分が行なう推論は、他のすべての人々にも、また、他のすべての読者にも、同じように再遂行されうるということが自明であるのです。したがって、哲学者とその読者とは平行して考えているのであり、一方から他方へと移行する問題などは存在しないことになります。たとえばカントが『純粋理性批判』を書く時、彼は万人の理性について語っているのであり、自分の理性についてのみ語っているのではないというわけです。けれども特にヘーゲル以降、哲学が理解し始めたことは、実のところそこに一般に考えられているよりもはるかに複雑な問題が存在するのだということでした。なぜなら、私と他者との関係は、私について真実であることは彼にとっても真実であるということを、直接的に断言したり前提したりできるようなものではないからです。これは一つの問題ですが、私は私と全く同じような別の思惟する人々がいることをどのようにして知るのでしょうか。と申しますのも、私は自己を内部から認識するのに対し、それらの人々のことは外部からしか認識していないからです。以上が、われわれがその出現に立ち会っている第三の問題であります。

この他者の問題は後にもう一度とりあげようと思っておりますが、そこには、現在に至るまでフランス思想の中で次第に重視されてきている一つのテーマが加わります。歴史というテーマですが、これは結局のところ、他者のテーマと同じものになります。哲学者たちを歴史の内に惹きつけたり躓かせたりするものはまさしく人間の条件なのですが、それは、人間がひとりぼっちでいるのではなく、他の人々と向かい合っている時に、彼らとの並外れて複雑なその関係の内で与えられるものであります。他の人々との複雑な関係によって、われわれはもはやただ並置されただけの個人と関わるのではなく、一種の人間的織地、時に集団と呼ばれる人間的織地と関わるようになります。私が学生であった頃には、歴史は多言を要する主題ではありませんでした。思想の歴史とは、何よりもまず哲学の諸体系の歴史だったのです。ところが、哲学が人間の歴史一般に関心を払い始め、哲学史を人間の歴史一般へと結びつけ始めると、そこでは明らかに何かが変わってまいります。それゆえ、ここまでご覧に入れたかったのは、私どもがいかにして一九四五年に勃発する出来事の方へと向かっていったのかということだったわけであり、今ようやくにして私の本来の主題に達する時がまいりました。それは、サルトルの試みを、彼が先人たちと共有する部分において、またその試みがもつ独自の部分において検討してみることです。

⁂

先ほどお話しいたしました哲学者たちは、皆何らかの点において実存の哲学者であり、サルトルは戦前、特にベルリンのフランス学院に滞在していた折に彼らのことを知るようになりました。これはもちろん、彼らの著作を知ったという意味です。よく覚えていますが、彼は帰国すると私ども全員に、たとえばフッサール、シェーラー、ハイデガーなどを読むよう勧めました。これらの人々はフランスでもすでに知られてはいながら、当時その著作類の方はそれほど普及しておりませんでした。それゆえ、本当にそこで重視すべきは、サルトルが先んじてそれを学び、私どもをあの一九四五年の視座へと導くに功のあった一つの哲学の形成過程だということになるのです。

しかし、これに申し添えておかねばなりませんが、戦時中のフランスや占領下のパリにいるということも、戦争という情況も、さまざまな事件に対するわれわれの受けとり方も、これらは少しも彼の考え方をたわめることはなく、それらすべてもまた、彼の注意を具体的な諸問題に向けさせ、彼を具体的な哲学の方へと向かわせるのに役立ったものでした。

よく覚えているのですが、戦前の或る日、サルトルと話し合っておりましたら、彼は私に向かって逆説的とも思われるようなこんな理屈を申しました。もっとも、実際のところ、或る種の哲学的観点からすればそれほど逆説的ではありませんが。彼は私にこう言いました。「結局のところ、一〇人や一五人が死ぬ惨事であろうと、三〇〇人や三〇〇〇人が死ぬ惨事であろうと、両者の間にそれほどの違いはないよ。もちろん数の差はあるが、死んでゆく一人一人は或る意味ではそれぞれ一つの世界なんだから、それが三〇〇であろうと三〇〇であろうと、それだけスキャンダルが増すというものではない。スキャンダラスであるということでは同じなんだ。」こうした考えは何もサルトル独自のものではありませんが、私は驚きました。後になってもやはり強い印象を受けたのですが、それというのも私にはこのような思想は、戦前にサルトルが、いわゆる政治的・歴史的視点から、また政府の指導者たちの視点から、どれほど遠く隔たっていたかを示していると思われたからなのです。いかなる権力であれ、人々に対する何らかの権力を持つ者の視点からすれば、一〇人が死ぬ事故と一〇〇〇人が死ぬ事故との間には完全な違いがあります。社会的・政治的生活や歴史のもつ統計的視点からは、大きな開きがあるわけです。ところが、個々の意識を一つの全体とみなす哲学者の視点からすれば、一人の人間の死と一〇〇人の死との間に絶対的な差異はありません。

さて、私ども——サルトルや私やすべての友人たちのことを意味しているわけですが——全員が味わいましたように、ドイツ軍の駐留とその駐留が意味するあらゆる事柄との関わりあいをもちながらパリで生活をしてくれれば、つまりこの時代を生きてくれれば、この経験がどれほど私どもを現在起こっていることの方へ、さまざまな事件の方へ、対外的なことの方へ、政治的・社会的な生活の方へと、徐々に向かわせてゆく性質をもっていたかということが理解されます。結局、事のなりゆきは実存の哲学と同じ方向へと進むことになりました。実存の哲学もまたそれなりに、哲学の抽象的な方法によって、私どもを世界へと向けていたのです。サルトルにその主著である『存在と無』を書くよう促したのは、この情況の総体であり、さらには彼独自の省察が成熟したためでもありました。この著作は終戦の前に、私の記憶に誤りがなければ一九四三年に出版されました。(六二) そして、この時期に形成された彼の思想のすべてはまた、一九四五年の一〇月から刊行される雑誌『レ・タン・モデルヌ』の内にもその表現を見出すことになるのです。

サルトルの哲学が語ろうとしていたテーマは、まさしく私が先ほど少しお話しいたしましたものですが、それも彼なりに手を加えて扱われてはおります。受肉のテーマ、さらに一般的に言って状況のテーマに例をとってみましょう。サルトルが『存在と無』の中で示したような人間は、状況づけられた存在です。したがってこのテーマは、サルトルがそれを書きしるす以前にも存在していたわけですが、彼はそれを以下のように変形しております。『存在と無』においてサルトルは、哲学者たちが「自我」「主体」「意識」などのいずれかの名前で呼んできたものが、実は肯定的な用語では示しえないのだということを明らかにするため、きわめて厳密な分析に取り組んでおります。自分が実際には何であるのかを知ろうとしても、とどのつまり私は、自分については何ごとをも語りえないということを発見するのです。デカルトが『省察』の中で次のように語る時、彼もすでに何かしら同じようなことを言っていたのでした。すなわち、私は煙でもなく微細な物質でもなく、思考なのであるが、思考は触れられもせず見えもせず、ある意味では何ものでもない。つまり、目に見えるようないかなるものでもないのである、と。私がお話ししております例の著書、『存在と無』の中で問題になる無とはこのようなものです。つまり、主体、すなわち日頃主体とよばれていたものは、一つの無として考えられねばならないということなのです。

ただ当然ながら、無はみずからの内に根拠を置くわけにはまいりません。何ものでもない無は、ポジティヴで現実的な事物に支えられる必要があります。それゆえ、われわれがそれであるところの無は、お望みとあれば、古代の伝説で死者が甦るために生者の血を飲んでいたように、世界という存在を飲むのだと言うこともできるでしょう。無は存在を飲み、そうして世界の中で、一つの場所と一つの位置とを引き受けるようにならねばなりません。なぜ私は身体をもっているのでしょう。それは、私がそれであるところのこの自我、そして何ものでもないこの自我は、世界にやってくるためには、実際に存在するポジティヴな器官を必要とするからです。それは私が自己の身体と呼んでいるものです。同時に「無でもあれば存在でもある」ような人間に関するこの記述、世界の中で一つの状況を引き受け、それを通じて世界へとやってくる無としての人間に関するこの記述は、サルトルに固有の要素であり、それ以前にガブリエル・マルセルのような著作家たちが状況ないし受肉といった同じ概念で捉えていたものには、何ひとつ負うところはないものと思われます。

何ものでもないこの私は、一つの自由であると言うこともできるでしょう。と申しますのも、諾否を言うことができるのでなければ、つまり、予めあれかこれかであるのではなく、欲するところのものであるのでなければ、自由であるということが一体どういうことであるのか分からなくなるからです。だが、自由——すなわち、今しがた私どもが別の言葉で語ったばかりのものですが——は、このような非＝存在や無関心の内にとどまっているところにのみあるのではなく、何をなすかということを選択し決めるところにもあるのです。それ自体では幻想であり非＝存在でもあるこの自由は、一つの行為を引き受けてこれを完遂する時にしか、本当には発揮されません。この時サルトルが語っていたのは、人は参加するからこそ自由なのだということです。それによって言わんとしていたのは、われわれが内に持つさらに大きな自由でさえ、すなわち現前するすべてのものに対する完全な独立でさえ、それは行為によってしか、真に人が語りうる何ものかになることはなく、逆にその行為においてこそ、われわれは解決し選択し何ものかになるのだということでした。

こういうわけで、ガブリエル・マルセルの内にあったもの、彼が存在の神秘と呼んでいたものに等しい何かがサルトルにもあるのですが、それは全く別の調子を帯びております。ガブリエル・マルセルの調子は、厳密に言って宗教的なものでした。しかしそれに対し、サルトルの内にあるものが、ごく広い意味における無宗教哲学なのだと申すわけにもまいりません。それどころか私どもはそこで、或る種のキリスト教徒たちが好みのテーマを見出してきたような、そんな領域に達してもいるからです。だが結局のところ、やはりサルトルにおいて存在の神秘と呼ばれるものは、いわば透明な神秘になっております。無である私がおり、ポジティヴな事物でできた世界があるわけですが、何ものでもない私にとって、また、自由である私にとってのただ一つの務めは、いわばこの世界をあらしめることなのです。そこでは「私と世界という」二つの実体《アンティテ》が向かい合って存在しているとでも申しましょうか——もしも両者が分離できるものならばそうも申せましょう。しかし、分離はできないものですから、厳密に言えば向かい合ってと表現するわけにはまいりません——、結局そこには、各々がそれ自体では存在することも充足することもないような二つの実体《アンテイテ》が、両側面に存在しているのです。存在は証人としての人間を必要とし、人間は存在するために世界に参入する必要があります。ガブリエル・マルセルが存在の神秘と呼んでいた神秘は、われわれとは根本的に異なったものである世界にわれわれを関わりあわせるような、運命のそうした不思議さだということになってまいります。なぜなら、つまるところわれわれは何ものでもないのですから、私と私が見るものとの間、私と私がなすこととの間には一種の隔たりが、すなわちサルトルが無のマントルと呼んでいたものが常に存在することになりましょう。たとえば、私と私が見ているこの水差しとの間には何があるでしょうか。何もありません。ある意味で私のまなざしは、水差しをそれのある場所に捉えにゆきます。したがってその意味では、水差しは可能な限り私の近くにあるわけです。しかしながらそこには、水差しが対象であり、それを知覚する私は対象でもなければその対象の一部でもない、という事態をひき起こすこの触知しえない隔たりがあるのです。

こうしてこの無という考えによって、たとえば他者の問題——それはサルトルにも存在しており、彼によってきわめて鋭い分析が加えられたものですが——は、さらに難しい問題、いっそうわれわれを苦しめるような性質の問題になってまいります。と申しますのも、もちろん私は他の人々を見、その身体を見るのですが、その内部から見るのではありません。私は中心を見てはおりません。なぜなら、それは無であり、つまりは目に見えないものだからです。結局サルトルにとって他の人々は、私が知覚するのではなく、彼らが私を見ている時にしか、その人々がいるのを知りえないことになります。なぜなら、その時に私は、このまなざしによって自分が凝固し、この外部のまなざしによって物体に変えられたように感じるからです。このようにして他者の現前を私は自分の内に、一種の自分の実質の喪失、一種の自分の自由の喪失という形で感じとるのであり、自分が他者のまなざしのもとで一個の対象となることによって感じとるのです。ここから他者との関係は、当然のことながら悲劇的な関係になってまいります。なぜなら、私には他者を他者自身が感じているようには、つまり彼が内的に自由であるようには捉えることができないからです。私は一つの顔を見ます。その顔は凝固しています。その顔はいわば一つの運命なのです。そうサルトルは言っておりました。同じように、他者も私についてこの外側しか見ません。しかしながら、このように全く否定的なわれわれの関係であっても、それは実際に影響力をもった関係であり、この関係は絶えずわれわれの気にかかっていることでもあります。

サルトルの著書では、そこから二つの視点が開けてまいります。それは対自の視点と対他の視点です。それらはこの書の二つの部分の表題となっており、その項目は相変わらずよく知られたものとなっております。対自とは、私が見るような私、あるいは、あなたが見るようなあなたのことです。対他とは、あなたが見るような私、あるいは、私が見るようなあなたのことです。この二つの視座が一致する可能性はありません。私は、自分の目にうつるそのままの姿で、他の人々の目にうつることはできません。それは不可能ですし、たとえ私が可能な限り誠実かつ率直になろうとも、位置というものがあるためにわれわれは一致できないのです。しかしながら、あなたが私に対して作りあげるイメージは、私自身の目にも重要なものであり、私を動揺させ、影響を及ぼし、私を決定し、関わってまいります。以上、他者の問題は、当然ながらサルトルの哲学よりもまえに広く存在しておりましたが、それがいかにして彼の手によって強調され、なおいっそう顕著なものになってきたかということをお話しいたしました。

　では最後は、先に少し触れておきました歴史の問題です。この歴史の問題というのは、他者の問題の極端な事例でありました。この問題もまた、哲学的な観点から見た諸問題そのものの緊急性によって、また情況によって、全く劇的な性格を身にまとおうとしておりました。なぜなら、一九四五年のフランスは、フランス共産党をも含む政治連合が統治する国であったからです。このことを忘れてはなりません。そこには多くのことが含まれています。その意味するところ――政治生活はそれ自体、サルトルのような哲学者や雑誌の編集者にはまるでなじみのないものですが——、問題となるのは単なる政治家のことやフランスの議会のことなどではなく、全く別のことなのです。まずもって、戦争とレジスタンスとの時期に存在していた友愛が問題となります。他方ではまた、共産党の支援や参加がなくては何ごともなしえないという事実、政治的に極右の者をも含む当時のすべてのフランス人にとって明白であった事実が問題になります。こうしたことが、いわば共存の問題を提起することになるわけです。

ところで、サルトルがマルクス主義者であったことはただの一度もありません。彼の哲学的見地について私が皆様にお話ししてまいりましたのは、ごく手短なものでありましたが、それでも充分皆様にはそのことがお察しいただけることでしょう。彼は現在でも、またいつでもそうなのですが、当時も、マルクス主義思想において含意されるようなものとしては、いかなる種類の唯物論からもきわめて遠いところにおりました。マルクスにとっては、意識や人間に働きかけるさまざまな原因というものが存在しています。サルトルにとっては、真に意識に働きかけうる原因などありません。意識は絶対的で完全な自由なのです。正確な一致点ではありませんが、両者の収斂点にはなりうると思われるただ一つの点は、次のものでありましょう。サルトルにとっては、たとえ実際に私が非＝存在であり、絶対的自由であり、それゆえ、外からのいかなる決定をも完全に免れているとしても、私は私の外で起こっていることに責任があるのです。たとえば、私は他の人々が私に対して抱くイメージに責任をもっております。私はそのイメージに愛着があり、そのイメージは私にとって重要であり、私はそれを引き受けるのです。さて、皆様もお気づきのように、主体や意識や人間を外部の情況に従属させる哲学と、それとは全く違って、能うる限り自由な主体である人間は外で起こっていることに無関心でいるわけにはゆかず、それを引き受けねばならないと論ずる哲学との間には大きな差があります。この第二の態度がサルトルのものです。お分かりでしょうが、それは哲学的観点からして、マルクス主義者たちの態度とは根本的に異なっております。こうした相違は一九四五年の『レ・タン・モデルヌ』誌に記載された「唯物論と革命」の問題をめぐるサルトルの論文に当時早くも表明されておりましたが、私はそれを手短にお話しすることによりまして、まさに両者の相違の本質的なところを述べさせていただきました。

サルトルの企ては、歴史の問題に関し、彼の雑誌を読むマルクス主義者や共産主義者を導いて、彼らの思想や哲学をその雑誌の方に屈折させようとすることでした。企ては成功したとは申せませんし、今から考えれば実に素朴であったと見ることもできますが、それも当時の状況の中では必要とされていたのだということを再度申し上げておきましょう。この企ては、一九五二年から一九五四年にかけて冷戦の緊張が頂点に達した頃、いっそうの盛り上がりをみせていたのですが、まさにこの時、私の方は『レ・タン・モデルヌ』誌を去ろうとしておりました。私とサルトルとを結びつけ、今もひき続き結びつけている友情があったにもかかわらず、そういうことになってしまったのです。（六三）まさにこの当時、彼ははるかに共産主義者に近い立場をとっておりました。ある人々にとっては、反＝共産主義が政治のアルファでありオメガであると考えられる時期でしたので、政見をもつためには反共産主義者であれば十分だと思われたほどでした。そこでそれについて、これまで一度も共産主義者であったことはないし、もちろん相変わらずそうではないサルトルも、そのような態度には立ち向かわねばならないと考え、したがってこの点では共産主義者を支援しなければならないと考えていたのでした。それは彼が、ソ連の体制を改善することが可能だと考えていたからではなく、ソ連を悪の象徴として利用する情況の中で、他の人々が間違っていると考えていたからです。

共産主義者との接近遭遇が行なわれていたこの時期は、皆様ご存知の一連の事件とともに終わりを告げました。それは最近起こったさまざまの事件、特にハンガリー事件を指しています。この時、サルトルは完全に手を切りました。それゆえ、現在彼の雑誌――『レ・タン・モデルヌ』誌は今でも一九四五年と同様に刊行されていますが――に記載されているもので、マルクス主義的な傾向の外国文学は、ポーランドの出版物から転載されたり、スターリニズムや体制全体といったものを一般的な形で検討し直すような出版物から転載されたりしているということが、原則として言えると思います。

⁂

以上が、あの一九四五年に起こった出来事の意味であると申せましょう。もちろん、言い残したこともあるでしょうが、明らかにそれはたいしたことではありません！　サルトル自身は政治的な題材を論じることをやめたようですし、さまざまな仕事に身を投じております。純粋に哲学的な仕事のほかに自伝にも専念しておりますが、それは彼自身の人生を個人的・歴史的な角度から吟味することになるでしょう。これも結局のところ、往時の政治参加への関心からはほど遠いものです。一般に実存主義と呼ばれるものに属していた人々も、少なくともその一部は、今日たとえばハイデガーの思想へと関心を向けており、(六四)したがって、結局のところサルトルのものとはかなり異なった思想へと関心を向けているように思われます。ともかく、ハイデガーは決して参加《アンガージュマン》というものに、すなわち日常の出来事と接触した思想に好意を示したことがないという点で異なっているのです。

それゆえ、この実存主義の隆盛期にはとりたてて見るべきものがなかったのだと、やはりそう思われるかもしれませんが、私はそこに関与したことを後悔してはおりません。それどころか、私はそこに多くを負っており、そのことははっきりと申し上げておかねばなりません。また実際のところ、哲学に関しても思想に関しても、こうした試みはのり越えられてしまい、あとに残ったものは何もない、などということはできません。なぜなら、哲学も思想も、ある場所、ある目的、ある地点、ある結論に達することよりも、むしろ正確な方法と実り多い方法とをもって歩んでゆくことを本領とするものだからです。したがって、思想や哲学がこのようなものだとすれば、この試みは企てられる必要があったわけですし、今もなお興味を惹き続けているものだと申し上げなければなりません。とりわけ、サルトルの場合のように、この試みの途中でいくつかのテクストや著作が生み出されることになった時には、そうでなければならないのです。それらのテクストや著作は、当時のさまざまな出来事に関わるものですが、それでもなお、あらゆる名著や良書と同様に半永久的な意味を保っております。

そこで再度申し上げますが、これらすべては過去のものだ、などとあまり性急には言わぬようにいたしましょう。サルトルについてももう一言申し上げます。彼はあの企ての際におびただしい量の著述をいたし、われわれ一人一人もこの企ての中で多くのものを得ました。そして、たとえ現在から見て、当時われわれが到達し明白だと思っていた結論がもはやわれわれのものではなくなったと思われましょうとも、当時書かれたものは、やはり一学派の思想を表わしてはいるのです。

註

以下の原註および訳註において、邦訳のある文献にはできる限りそのページ数をも併記するよう努めたが、該当箇所の訳文はこれに従ってはいない。

メルロ＝ポンティの著作に関しては左記の略号を用い、〔 〕内には、みすず書房より刊行されている一連の邦訳書のページ数を記すことにした。

SC: *La structure du comportement*, P. U. F., 1942.

PP: *Phénoménologie de la perception*, Gallimard, 1945.

SN: *Sens et non-sens*, Nagel, 1948.

Eloge: *Eloge de la philosophie*, Gallimard, 1953.

S: *Signes*, Gallimard, 1960.

Acquisition: *La conscience et l'acquisition du langage*, in *Bulletin de Psychologie*, 236, XVIII, 3–6, novembre 1964.

VI: *Le visible et l'invisible*, Gallimard, 1964.

PM: *La Prose du Monde*, Gallimard, 1969.

原註

(1) レヴィナス『フッサールの現象学における直観の理論』、G・ギュルヴィッチ「フッサールの現象学」『ルヴュ・ド・メタフィジック』一九二八年、J・ヘリング『現象学と宗教哲学』、フッサール『デカルト的省察』参照。(この註は、すでに執筆された本文の余白に添えられている)。

(2) マックス・シェーラー『ルサンチマンを抱く人』仏訳、N・R・F、「エセー」叢書、全一巻、一六折版。〔以下、同書からの引用ページ数の後には、白水社版「シェーラー著作集」第四巻、『価値の転倒』上巻の該当ページ数を併記した〕。

(3) シェーラーは「憎悪が抑圧されたために何も読むことができなくなった」患者の例をひいている(五一〔九一〕ページ)。

(4) 五三〔九三〕ページ。

(5) 六〇〔一〇〇〕ページ。

(6) 同所(六二〔一〇二〕ページ)。

(7) ニーチェ『道徳の系譜』仏訳、メルキュール・ド・フランス、五〇ページ〔木場深定訳『道徳の系譜』三七ページ、岩波文庫〕。シェーラーによる引用、一二～一三〔五四〕ページ。

(8) ニーチェ、同書、四五～四七〔三三〕ページ。〔シェーラー、同書、一二〔五三〕ページに引用〕。

(9) シェーラー『ルサンチマンを抱く人』七四〔一一五～一一六〕ページ。

(10) 一三八〔一七八〕ページ。
(11) 一三七〔一七七〕ページ。
(12) 九八〔一三八〕ページ。
(13) 「ルカによる福音書」一二章二四・二七節。シェーラーによる引用、同書二七六〜二七七〔このページ数は誤っており、正しくは、七六〜七七〔一一七〕ページ〕。
(14) シェーラー、同書、八〇〔一二〇〕ページ。
(15) 九〇〔一三〇〕ページ。
(16) 九一〔一三一〕ページ。
(17) 七五〔一一八〕ページ、註一。
(18) 七五〔一一六〕ページ。
(19) 『共感の本性と諸形態』M・ルフェーヴル訳、パイヨ社、一九二八年——だけは仏訳されているが、ここにおいてさえシェーラーの現象学的態度は、はっきりと定義されているわけではない。現象学的態度は絶えず前提にされており言及さえされている（ルフェーヴル訳の七、二六五、二六七ページ参照）にもかかわらずそうなのである。『ルサンチマンを抱く人』においては、シェーラー自身が彼の主要な著作類への参照を行なっている（七三〔一一三〕ページ、註二、一〇三〔一四三〕ページ参照）。ここに訳されているこの試論がドイツで初めて公刊されたのが一九一二年であったことを考えるならば、彼の主著類の仏訳はいつになることかと案じられる。
(20) フッサール『純粋現象学および現象学的哲学の構案《イデーン》』第一巻第一部二章、一九段落参照。
(21) シェーラーは、他の人を目指すことが愛の本質である、などと言おうとしているのではない。自己志向的な愛も見受けられることだろう。しかしその場合でさえ、愛は一つの状態ではなく、一つの項「へと向けられ」ているのである。

(22) フッサール、前掲書、一九段落の末尾付近を参照。

(23) これらすべての点については、G・ギュルヴィッチ『ドイツ哲学の現在の諸傾向』ヴラン社、一九三〇年、九五〜一〇〇ページ参照。われわれの見解がギュルヴィッチ氏の論文に多くを負っており、いたるところでこれに従っていることが理解されるであろう。

(24) この点についても、また《sittliches Erfassen》と《Streben》との区別についても、ギュルヴィッチ、同書、八六ページ以下〔特に八八ページ〕を参照。

(25) シェーラー『ルサンチマンを抱く人』三三〔七三〜七四〕ページ。

(26) ニーチェはこの生物学的一元論に対し、全面的な同意を示すところからはほど遠い（彼は、その誠実さによってさまざまな仮面を次々に使用してきたが、この仮面の一つとでも、完全に同意したことがあっただろうか）。彼はこう記している。「強くて出来のよい人間は、硬い食物片を嚥下せねばならぬ時でもそれを消化してしまうのと同じく、自己の生活上の出来事を（善行・悪行をも含めて）消化する。〔……〕ここだけの話だが、こうした見解も、あらゆる唯物論の断固たる反対者であり続けることを妨げはしないのである。」（『道徳の系譜』〔第三論文の〕一六段落。L・ブランシュヴィックによる引用は『意識の進歩』四一七ページ）（傍点はメルロ＝ポンティ）。

(27) 『ルサンチマンを抱く人』五三〔九三〕ページ参照。

(28) 一一四ページ〔該当箇所不明、同ページにこの表現は見られない〕。

(29) 同所〔一五三ページ〕。

(30) 同所〔一五三ページ〕。
(31) 四七〔八六〕ページ。
(32) ギュルヴィッチの前掲書に引用され仏訳されたシェーラーの文章〔シェーラー、同書、七七〔一一七〕ページ参照〕。
(33) 『ルサンチマンを抱く人』六六〔一〇六〕ページ。
(34) 一〇五〔一四四〕ページ、註一、一〇四〔一四四〕ページ。〔『善悪の彼岸』第五章一九九節参照〕。
(35) 一〇八ページ〔一〇二〔一四二〕ページの誤りと思われる〕。
(36) 一〇三〜一〇四〔一四三〕ページ、一三六〔一七六〕ページも参照。
(37) あるシェーラーの読者は、どうやらわれわれが彼の思想を「左翼的方向へ」引き寄せていると考えているらしい。だが私にはその読者が正しいとも思えない。なぜならシェーラーは、——戦争や死の苦しみや貴族組織に賛成か反対か(一一七〔一五七〕ページおよび一一八〔一五九〕ページ註一参照)、あるいはまた階級闘争に賛成か反対か(一〇三〔一四三〕ページ参照)という形では——「左右どちらの側においても(キリスト教を)闘わせることはできない」ことを示そうとしているからである。それゆえわれわれには、シェーラーにならって、キリスト教はいかなる政治からもいかなる保守的態度からも独立しているのだと断言する権利がある。ただ、彼自身がそれをはっきりと語るよう留意してはいなかったということは指摘しておかねばならない。
(38) 七九〔一一九〕ページ。
(39) 一三五〜一三六〔一七五〜一七六〕ページ。〔一一八〔一五八〕ページも参照〕。
(40) トレルチはシェーラーを「カトリック的ニーチェ」と呼んだが、それがいかなる点で妥当するかは明らかであろう。〔ギュルヴィッチ、前掲書、七三ページ参照〕。

(41) 一一〇〔一五〇〕ページ。

(42) 五四〔九四〕ページ。

(43) 一六四〔二〇四〕ページ。

(44) 一六八〔二一〇〕ページ。

(45) エルンスト・ベルトラム『ニーチェ、神話の試み』R・ピトルー訳、リーデル社、一九三二年。

(46) 同書、七七ページ〔浅井真男訳『ニーチェ』上巻、八六ページ、筑摩書房〕。

(47) E・ローデへの手紙、ベルトラムによる引用は同書、六五〔七三〕ページ。

(48) ローデへの手紙、ベルトラムによる引用は同書、八六〔一〇〇〕ページ〔この引用部分はローデへの手紙の文ではなく、ベルトラムの地の文〕。

(49) 『ルサンチマンを抱く人』一一八〔一五七〕ページ。

(50) 『ヌーヴェル・ルヴュ・フランセーズ』一九三二年七月一日号、一〇三、一〇九ページ。

(51) J・ヴァール『具体的なものの方へ』序文。

(52) ガブリエル・マルセル『存在と所有』全一巻、一六折版、三五七ページ——「精神《エスプリ》の哲学」叢書、モンテーニュ社、パリ、一九三五年。

(53) デカルト、第二省察、アダン＝タヌリ版、第九巻、二五ページ〔白水社「デカルト著作集」第二巻、四六ページ〕。

(54) シェーラー。〔ここには詳しい出典が記されていないが、原文はspéculation à la baisse。おそらくは『ルサンチマンを抱く人』の前掲仏訳一五〇〔一九〇〕ページに由来するものと思われる。同書一八六〔二二六〕ページに jouer à la baisse の表現もあるところから、明らかに「投機」の意が含まれた用語であるが、中心的な意味で訳すにとどめた。なお同様の表現はギュルヴィッチの前掲書一四九ページにも引用されている〕。

(55) 『存在と所有』二五ページ〔正しくは二六ページ。春秋社版「マルセル著作集」第二巻、二〇ページ〕。

(56) 一一、一二〔九、一〇〕ページ。

(57) 『形而上学日記』の末尾に再録された論文「実存と客観性」を参照。

(58) 『存在と所有』一五七〔一一二〕ページ。

(59) 二二九〔一七〇〜一七一〕ページ。〔ただしここには phénoménologues, phénoménologie といった表現しか見受けられず、また、それらは反=心理学的な意味合いで用いられている〕。

(60) 三二〔二四〕ページ。

(61) 三二〔二四〕ページ。たしかに、質料の内にある形相が腐敗するというのも真実ではある。しかしその時には、形相は存在から非=存在へと移行しているのであり、厳密に言えば、腐敗するのもこの腐敗の主体となるのも形相そのものではないということになる。だがそんなことはない。堕落するのはまさしく魂そのものなのである。この問題は、神学が、ギリシア哲学によって練りあげられた諸概念を援用し〈啓示〉を考察しようとするなかで、きわめて意識的に追究してきた諸問題の一つである。

(62) 一七六〔一二六〕ページ。

(63) 一四一〔九九〕ページ。

(64) 一七七〔一二八〕ページ。

(65) 三〇〔二二八〕ページ。

(66) 一七七〔一二七〕ページ。

(67) 一四三〔一〇一〕ページ。

(68) 三〇〔二三〕ページ。

(69) われわれのこの書評では、こうした見方の中にある逆説的で支持しえないものを強調している。マルセル氏もそのことはまず第一に強調しながらも、しかし、私の好きでもない生者は私に対して生きているのではなく自分に対して生きているのだといって、みずからそれに異議を唱えている。これは思考内容と現実との区別をもたらし、時間についての或る種の実在論を要請するように思われる。

(70)『存在と所有』七〇ページ。〔このページ数は誤っており、正しくは、二一〇〔一五五〕ページ〕。

(71) 同所。〔七〇〔五〇〕ページ〕。

(72) 特に希望の分析を参照。

(73) 一六二〔一一六〕ページ。

(74)『存在論的秘儀の提起と、それへの具体的な接近』二九八ページ。〔一九三三年一月二十一日にマルセイユ哲学会で報告されたもの〕。

(75)『存在と所有』二〇六〜二〇七〔一五一〜一五二〕ページ。

訳註

（一） cf. H. Piéron, *Le Cerveau et la Pensée*, p. 154, Alcan, 1923. やがてメルロ＝ポンティは神経流をも「抽象物」として論じることになる（SC. p. 233〔三二三ページ〕）。

（二） Bergson, *L'Energie spirituelle*, p. 44. in *Œuvres*, p. 848〔『精神のエネルギー』六〇ページ、「ベルグソン全集」第五巻、白水社〕。

（三） ibid., p.57. in *Œuvres*, p. 858〔同書、七五ページ〕。

（四） ジェラートによれば、ここでメルロ＝ポンティの念頭におかれている著作は H. Wallon, *Comment se développe chez l'enfant la notion du corps propre*, in *Journal de psychologie normale et pathologique*, 1931. G. Marcel, *Etre et Avoir*, Aubier, 1935 などである（Theodore F. Geraets, *Vers une nouvelle philosophie transcendantale–La genèse de la philosophie de Maurice Merleau-Ponty jusqu'à la Phénoménologie de la perception*, pp. 10–11, Martinus Nijhoff, 1971）。

（五） 『知覚の現象学』第一部「身体」の第一章でこれを行なっている。

（六） cf. J. Wahl, *Vers le Concret*, Vrin, 1932.

（七） メルロ＝ポンティは『行動の構造』においても、現象学を「構造の記述というごく広い意味で使用」している（SC. p.170, n.3〔二三五ページ、註(3)〕）。

（八） ヒトサシ指の先に一〇〇gのオモリをのせて、少しずつ重くしてゆくと大体一〇四gの所で初めて重くなったと感ずるが、二〇〇gのオモリをのせた場合に少しずつ重くしてゆくと大体二〇八gの所で初めて重くなったという感じが生ずる。すなわち、どちらも四パーセント増加したときである。初めにのせておいた重さをRとし、重くなったと感ずるために必要な最小の増加を⊿Rと書くと、$\frac{⊿R}{R}=C$（一定）という関係があることがわかる。これをウェーバーの法則という（岩波小辞典『心理学』一六ページ）。

（九）　精神現象（たとえば、知覚像）は一つのまとまり（構造・体制）をもっているが、さまざまの〝まとまり方〟が考えられるにもかかわらず、ヴェルトハイマーが〈よい形態の法則〉とよんだものに支配されて、充実して（プレグナントで）簡潔なまとまり方をする傾向があり（不規則なものは、構造をもった全体になりにくい）、簡潔で単純なものほど安定して最も一般に注目されやすい。この傾向を〈プレグナンツ〉という（岩波小辞典『心理学』一八九ページ）。

（一〇）　cf. SC. pp. 88～94〔一二九～一三五ページ〕。

（一一）　cf. PP. p. 263, 313, 314〔第二巻（Ⅱ）、三八、一〇〇、一〇一ページ〕。

（一二）　前掲論文 *Experimentelle Studien über das Sehen von Bewegung* の二四七ページに「横の機能」Querfunktionen という表現が用いられている。

（一三）　cf. Pierre Janet, *De l'angoisse à l'extase*, Alcan, 1928.

（一四）　cf. S. p. 72〔第一巻、八八ページ〕。

（一五）　cf. SC. p. 23, 39～41, 76～78〔五一、六八～七一、一一五～一一七ページ〕。

（一六）　Max Scheler, *L'Homme du Ressentiment*, p. 62〔『価値の転倒』上巻、一〇二ページ〕。

（一七）　cf. PP. p. 496〔Ⅱ三四一ページ〕。

（一八）　cf. SC. p. 219〔三〇三ページ〕、PM. p. 105〔一〇五ページ〕。

（一九） 以後、この論文中にも同義語として「あまり生命力のないもの」moins vivant、「生の衰弱」débilité vitale、「生の不安」peur de vivre、「生の倦怠」taedium vitae、「生の減退」défaillance vitale、「生の退化」dégénérescence vitale、「生の衰退」affaiblissement vital、「生の低下」dépression vitale という九種類の表現が見られるが、結局、彼の術語としてはこの「貧弱な生」vie appauvrie が定着することになる（cf. SC. p.194〔二六七ページ〕、SN. p.18〔一二ページ〕）。

（二〇） 自己保存に終始するのはむしろ人間の病的な状態であるということについて、SC. p.190〔二六二ページ〕を参照。

（二一） cf. SC. p.240〔三三二ページ〕。

（二二） cf. Eloge. p.55〔二三一ページ〕。

（二三） cf. SC. pp.194～195〔二六七ページ〕。

（二四） cf. Janet, *De l'angoisse à l'extase*, t. II., Bergson, *L'Energie spirituelle*, p.113, in *Œuvres*, p.899〔『精神のエネルギー』一三七ページ〕。

（二五） Scheler, *Der Formalismus in der Ethik und die materiale Wertethik* の用語。SC. p.186〔二五五〕にも引用あり。

（二六） ここでメルロ＝ポンティは sittliches Erfassen を appréhension morale と訳しているが、彼が依拠しているギュルヴィッチ著『ドイツ哲学の現在の諸傾向』では、vision morale と訳されている（八七ページ）。

（二七） cf. SC. pp.187～188〔二五八ページ〕、PP. p.100, 104〔I一五二、一五七ページ〕。

（二八） ここでは「人道主義《ユマニタリスム》」と「人間主義《ユマニスム》」とを特に区別して用いてはいない。

(二九) Eloge. p. 60〔一三四ページ〕に「プロメテウス的人間主義」の表現が見られる。
(三〇) immersion, périr を両義的に用い、浸礼の際に水死するという意味を含ませているように思われる。
(三一)『パンセ』ブランシュヴィック版、断章四五五(トゥルヌール三七二、ラフュマ五九七、ラフュマ・アンテグラル一四一、シュヴァリエ一三六)。
(三二)「ヨハネによる福音書」二一章参照。
(三三) cf. SN. p. 69, 89〔五八、七三〜七四ページ〕、VI. p. 109.
(三四)「沈潜」の概念は後のメルロ＝ポンティの思想において重要な位置を占める。ここではマルセルからの単純な引用として否定的な意味合いのままで用いられているが、初出部分として、また同時期のフッサール研究からとり入れられる「沈潜」概念との照応関係から見て、重要な箇所だと思われる。
(三五) ここで、ガブリエル・マルセルにとっての「存在」〔＝ある〕と「所有」〔＝もつ〕との関係が、『知覚の現象学』におけるメルロ＝ポンティにとってのその関係と、正反対になっていることを指摘しておくのも無駄ではあるまい。その点について、メルロ＝ポンティ自身の註記が残されている——「〈もつ〉ことと〈ある〉こととのこの区別は、G・マルセル氏のそれ(『存在と所有』)を排除するわけではないにしても、一致するものでもない。マルセル氏は〈もつ〉ということを、それが所有権の関係(私は家をもっている、帽子をもっている)を示す際にもつような弱い意味にとり、〈ある〉ということを、多少唐突に、〈……へとある〉とか〈引き受ける〉とか(私は私の身体である、私は私の生命である)という実存的な意味にとっている。だがわれわれはむしろ、〈ある〉という言葉の方に物のような存在とか述定機能とか(テーブルがある、テーブルは大きい〔＝大きくある〕)の弱い意味を与え、〈もつ〉という語によっては、主体と主体の自己投企が向かう項との関係(私が考えをもつ、羨望をもつ、恐怖をもつ)を示すような用語法を尊重している。その結果、われわれの「もつ」がほぼマルセル氏の〈ある〉に、われわれの〈ある〉が氏の「もつ」に対応することとなっているのである。」PP. p. 203〔I二八七ページ〕。

（三六） 以下、〔 〕内には、人文書院版「サルトル全集」の『哲学論文集』に収録された邦訳「想像力」のページ数を記している。

（三七） cf. *Matière et Mémoire*, pp. 22～24〔白水社「ベルグソン全集」第二巻、『物質と記憶』三〇～三三ページ〕。

（三八） 訳註(三)参照。

（三九） 『想像力』一〇八〔一一三〕ページ。

（四〇） Alain, *Système des Beaux-Arts*, éd. nouvelle, Gallimard, p. 22〔桑原武夫訳『芸術論集』岩波書店、二五ページ〕。

（四一） Sartre, *Les mouches*, in *Théâtre* I, Gallimard, p. 61〔加藤道夫訳『蠅』五四ページ、人文書院版「サルトル全集」『恭しき娼婦』所収〕。

（四二） 同書、七九〔七一〕ページ。

（四三） 同書、一〇八〔九九〕ページ。

（四四） 同書、八三〔七四～七五〕ページ。

（四五） ここでメルロ＝ポンティは《sa jeunesse ou plutôt son enfance》と記しているが、サルトル自身は jeunesse しか用いてはいない（六四、一〇一、一〇三〔五七・九二・九四〕ページ参照）。メルロ＝ポンティにおいて enfance の持つ意味は重く、その点で留意すべき箇所だと思われる。

（四六） 同書、九八～九九〔九〇〕ページ。

(四七) ここはサルトルの文章からの逐語的な引用ではない。原文は《Les gémissements de ma mère, crois-tu que mes oreilles cesseront jamais de les entendre? Et ses yeux immenses—deux océans démontés—dans son visage de craie, crois-tu que mes yeux cesseront jamais de les voir?》(p. 92〔八四ページ〕)。

(四八) 同書、九八〔九〇〕。サルトル自身の文章には「世界というダイヤモンドのキズ」の表現はない。この出典はヴァレリーの詩「海辺の墓地」の一節――

Mes repentirs, mes doutes, mes contraintes
Sont le défaut de ton grand diamond

であると考えられ、メルロ＝ポンティは他の場所でもこの表現を好んで用いている(cf. PP. p. 240〔II一〇ページ〕、SN. p 79, 310〔六六、二五五ページ〕)。

(四九) 同書、一〇一、一〇五〔九二、九六〕ページ。

(五〇) cf. Eloge. pp. 47～57〔二二五～二三二ページ〕。

(五一) cf. Acquisition. p. 226.

(五二)『蠅』の初演は、一九四三年六月三日にシャルル・デュランの主催するこの劇場で行なわれた。出演者は、デュラン、ジョッフル、ポール・エトリー、ジャン・ラニエ、ノルベール、リュシアン・アルノー、マルセル・ドルヴァル、バンデール、ペレ、オルガ・ドミニック、カッサン。

(五三) ヴィクトル・ピネを指す。

(五四) ブランシュヴィックに対するメルロ＝ポンティたちの世代の評価は、レイモン・アロンが肯定的だったことを除けば、概して否定的なものであった(cf. Beauvoir, *Mémoires d'une jeune fille rangée*,

Gallimard, p. 305, 310, 343. Aron, *Le spectateur engagé,* Julliard, 1981, p. 44, 46〜47)。

（五五） ベルクソンがコレージュ・ド・フランスを辞したのは一九二一年。

（五六） cf. S. pp. 229〜241〔「生成するベルクソン像」〕。

（五七） この間メルロ＝ポンティは、一九三〇年七月に哲学教授資格を受け、同年一〇月一六日から翌年の同日まで軍務につく。一九三一年一〇月一二日からボーヴェに居を移し、リセの哲学教師となる。やがて博士号取得のために、一九三四年二月三日に「知覚の本性」、同年六月二七日に「現象学および《ゲシュタルト心理学》における知覚の問題」という二つの主題を正式に登録した。やがて前者は『知覚の現象学』、後者は『行動の構造』として結実することになる。同一九三四年、彼はシャルトルのリセに転任するが、翌一九三五年にはエコール・ノルマル・シュペリユールの復習教師となり、一九三九年の動員までこの職にとどまった。

（五八） メルロ＝ポンティは一九三五年二月から翌年の二月まで「エスプリ同好会」の会員となっており、一九三七年八月一日にジュイ＝アン＝ジョザスで開かれた「エスプリ大会」にも参加している。また、後年のエマニュエル・ムーニエの死に際しては、『レ・タン・モデルヌ』誌の一九五〇年四月号に、ごく短くはあるが心のこもった一文を掲載している。

（五九） 原註（57）参照。

（六〇） cf. PP. p. 369〔Ⅱ一七一ページ〕、*Husserl et la notion de Nature* (Notes prises au cours de Maurice Merleau-Ponty), p. 260, in *Revue de Métaphysique et de Morale,* 70, 1965.

（六一） 一九三三〜一九三四年。

（六二） 『存在と無』の出版はメルロ＝ポンティの記憶どおり、同年の六月である。

(六三) この間の事情については、サルトル『シチュアシオン』Ⅳ所収の「メルロ＝ポンティ」(特にその二五三〔邦訳二一二〕ページ以下)を参照。

(六四) cf. *Histoire de la philosophie* (sous la direction de François Châtelet), tome 8, *Le XXe siècle*, Hachette.

解題

或る思想の起源 genèse への問いは、それが不可能であればこそ、ますますわれわれの興味をかきたててとどまるところがない。プチブル・インテリゲンチャが皆ヴァレリーになるわけではないとしても、やはり、ヴァレリーはプチブル・インテリゲンチャ以外のどんな出発点をも持ちえなかった。作家や思想家といえども、彼が現にあるところのものから出発するのでなければ、決して考えることをしないものだからである。ここにわれわれがメルロ＝ポンティの初期思想の方へと、また能うるかぎりの文献渉猟の方へと赴く理由がある。

だが、何らかの文献の発掘といえども、所詮これも彼の思想に対するわれわれの一つの読解の試みでしかないということを忘れてはなるまい。われわれは、或る種の考証学者が考えるようにメルロ＝ポンティの初期思想を復元しようとしているのではなく、いわばそれを再構造化しようとしているのである。ここに収録した文献の余白も、かつては彼のさらに他の筆蹟 écrits によって埋められており、今はまたその散逸が残した木霊によって満たされているのだとしてみれば、どうしてそうでないことがあるだろうか。思想家がポジティヴには考えなかった事柄 impensé でさえもその思想家の影として彼に属すものだとするならば、彼の著作は一体どのようにしてその資料的身体 corpus に限定されることになるのだろうか。

いずれにしても、この書を編むにあたってわれわれの立場を支えてくれるものは、メルロ＝ポンティ自身の手になる意味深いあの一節なのである。

「歴史というものは、イデオロギーから理解すべきであろうか。それとも政治から、宗教から、経済から理解すべきであろうか。また学説というものは、その表明された内容から理解すべきであろうか。それとも、著者の心理や彼の生活上の出来事から理解すべきであろうか。理解は同時にあらゆる仕方で行なわれねばならず、すべては一つの意味をもっており、われわれはいかなる関係のもとにも同一の存在構造を見出すようになっているのである。そうしたいずれの見方も、それらを切り離してしまうのでなければ、また、歴史の根柢にまでくだり、それぞれのパースペクティヴの内に顕在化されている実存的意味の唯一の核に到達することになれば、すべては真実なのである。」

(PP. p. xiv〔I 二一ページ〕)

この書に収めたのは左記の論文である。

——*Projet de travail sur la nature de la Perception*, in *Vers une nouvelle philosophie transcendantale* de Geraets, Nijhoff, La Haye, 1971.

——*La nature de la Perception*, in *Vers une nouvelle philosophie transcendantale*.

——*Christianisme et ressentiment*, in *La Vie Intellectuelle*, 7 juin 1935.

——*Etre et Avoir*, in *La Vie Intellectuelle*, 8 oct. 1936.

——*L'imagination*, in *Journal de Psychologie Normale et Pathologique*, 33: 9–10, nov.-déc. 1936.

——*Les mouches par J.-P. SARTRE*, in *Confluences*, 3: 25, sep.-oct. 1943.

——*La philosophie de l'existence*, in *Dialogue* (revue canadienne de philosophie), 5: 3, déc. 1966.

最後のものを除けば、すべてが『行動の構造』と同時期か、あるいはそれに先立つ論文であり、いずれもメルロ＝ポンティ思想の生成過程を知るうえで貴重なものとなっている。この時期に彼がしたためたものとしては、他に、ルーヴァンのフッサール・アルヒーフ館長ヴァン・ブレダ神父宛ての五通の手紙（一九三九年三月二〇日、三〇日、一九四二年六月一日、一〇月一日、一九四三年三月三一日付）と、彼がその言語理論の方面を担当したといわれるアロン・ギュルヴィッチの論文「ゲシュタルト心理学の種々相とその展開」があるが、前者は短信という性格のために、また後者はメルロ＝ポンティ自身の担当した箇所を正しく判定しえないという性格のため、いずれもこの論集においては割愛せざるをえなかった。だがこれらを別にすれば、ここに収められた論文は完全に彼の初期作品を網羅していることになる。

最後に掲げた「実存の哲学」という一文は、彼が後年になってこの時期をふり返ったものであり、それゆえ前掲論文の全体に対する理解を助けるものとなるであろうし、また、わが国では入手しえない文献となっているので、この機会に収録することにした。

「知覚の本性に関する研究計画」

この計画書は彼が二十五歳の春〔一九三三年四月八日〕、国立学術金庫《ケス・ナシオナル・デ・シアンス》の研究助成金を申請する際に提出されたものである。メルロ＝ポンティは兵役を終えた後、一九三一年の一〇月からボーヴェのリセで教鞭をとっており、この頃から博士論文の構想を練り始めている。論文の主題は「知覚の本性」というところに設定されてはいたが、そのためには自己の研究主題に関する実験心理学や異常心理学の最新の成果を刻々に知る必要があり、また、英・独で出版されている著作や定期刊行物をも体系的に研究しなければならず、場所的にもパリを離れ、職業的にもその時間をとりえなかった彼にとって、助成金申請の主な理由はそこにあったと考えることができるだろう。

そうした段階で書かれたものであるせいか、ジェラートの指摘どおり、ここには現象学への言及は全く見られない。おそらくこの時点では、まだ彼の現象学との本質的な出会いは行なわれていなかったように思われる。また一方では、「起こりかけている運動」や「運動枠」といった用語を通じて、ベルクソンの影響が色濃く表われている。ここではむしろ、この方向からの知覚への定位、身体や感性的認識への着目、資料的研究の重視、といったものを見てとるべきであろう。

しかし、何にもまして訳者が注目したいのは、末尾を飾る「現行のいくつかの心理学的および哲学的概念を鋳直すこと」という表現である。彼の最初期の文章の結びとなったこの一句は、その生涯を貫く彼の最も本質的な態度を集約しているように思われる。

「知覚の本性」

翌一九三四年四月二一日、メルロ＝ポンティは国立学術金庫に助成金の更新を願い出るが、その際、これに添付された前年度の研究成果の報告書がこの論文である。

現象学の研究は一年の間に著しく深められた。メルロ＝ポンティは助成金更新の申請書の中で、前年度を反省しドイツ語面での不如意をあげているが、彼はそれを意識しながら相当精力的にフッサールやその周辺の文献に取り組んだものと思われる。注目すべきは、後年の彼の現象学観を先取りするような態度が、この時点からすでに散見することである。彼はここで超越論的現象学の名称を用いながらも、つとめてそれを個別科学に結びつけようとしている。そこに見出されるのは、彼のベルクソニアンとしての風貌であり、あるいは「フッサールの行なったさまざまな分析は、ゲシュタルト心理学の出発点にまで達している」と論じたギュルヴィッチの影響であり、さらには、フィンクによるフッサール解釈の影響であるように思われる。

この頃からメルロ＝ポンティの研究は、現象学とゲシュタルト心理学という二つの極に向かって次第に収斂してゆく。そのことは、同三四年に正式に登録された彼の二つの博士論文の題目、「知覚の本性」と「現象学および《ゲシュタルト心理学》における知覚の問題」からもうかがえよう。やがてこれらは前者が『知覚の現象学』へ、後者が『行動の構造』へと結実してゆくのである。

ここにはまた、彼のこの二大主著で体系的に行なわれることになる経験論および主知主義に対する批判もはっきりと形をとっているが、むしろ重要なことは、そこから導き出されてくる次のような表現であるだろう。「意識内容についてのこの全く新しい考え方は、感性的認識論の内に重大な帰結をもたらすものであるが、そうした帰結はまだうまく導き出されてはいない。〔……〕この派〔ゲシュタルト学派〕にとっても認識の問題は、カントに対して提出されたものと同じ用語によってたてられている。われわれの考えるところ、目指すべきは彼らとは全く異なった解決の方向なのである。」ここでもまた、彼の最大の関心事は用語を「鋳直すこと」であった。

助成金更新の申請は退けられたが、この年メルロ＝ポンティは、はるかにパリに近いシャルトルのリセに移り、翌一九三五年には母校エコール・ノルマル・シュペリュールの復習教師となって、以後は終生パリに居を置くことになる。

「キリスト教とルサンチマン」

この一文は、隔月刊のカトリック雑誌『ラ・ヴィ・アンテレクチュエル』の一九三五年六月七日号に掲載された。これは、マックス・シェーラー著 *Über Ressentiment und Moralisches Werturteil* の仏訳 *L'homme du ressentiment* が公刊された際に、R・P・マイデューの依頼を受けて、その書評としてしたためられたものである。

われわれはこの文章によって、二十七歳当時のメルロ＝ポンティの信仰をおしはかることができる。かつてサルトルはメルロ＝ポンティへの追悼文の中で「キリスト教徒だった彼は二十歳でそれをやめた」と語っていたが、必ずしもそう断言できるものではないらしい。

ここでのメルロ＝ポンティの狙いは、彼岸的価値を目指すキリスト教道徳を「生の衰弱」に由来するものと考えるニーチェに対し、そうしたニーチェの解釈こそが生そのものの多様性を切り縮めてしまう生物学的一元論の価値狭窄化的態度なのだとするシェーラーの批判をとりあげ、それをフッサールの経験論批判と重ね合わせることによって、生命自体の内にある一種の無頓着のようなもの、あるいはまた、生がみずからを否定することによってみずからを成就するメカニズムのようなものを照射するところにあった。生は維持体系として考えられるべきではないのである。この自己否定によって自己を成就する生こそ、彼が生の豊饒・過剰・横溢・充溢と称するところのものであるが、これはまた、精神と呼ばれるべきものでもある。

それゆえ、生命的なものが機械的なものに還元されないのと同じく、精神的なもの（あるいは宗教的なもの）もまた生命的なものには還元されえない。ここには『行動の構造』で定式化されることになる「物理的」「生命的」「人間的」という構造化の三秩序が粗描されてもいる。また逆に、精神的なものが生命的なものの自己否定によって、いわばその輝きによって出現してくるのだとするならば、「神の国は〈高み〉であったり、現世からかけ離れていたりするものではない」ことも確かであると思われる。神の国と現世との関係は、ちょうど超越論的領野と実践的領野との関係のようなものだということもできるだろう。

こうして、何かに対する反作用的性格をもって制限し切り下げを行なうルサンチマンのあり方に対し、キリスト教には超自然的な信頼と自発性とが認められることになる。また他方では、キリスト教にそうした解釈をもたらすシェーラーの態度の内にも、直接に与えられているものへの深い信頼と、世界や事物と直接交渉することによって認識してゆこうとする「新しい認識方法」が見出されることになる。やがてメルロ＝ポンティがその主著の中で「われわれはシェーラーとともに、ニュートンの空間は《心の空虚さ》を表現しているということができる」（PP. p. 332〔Ⅱ一二四ページ〕）と語るであろうことも考え合わせてみれば、こうした方面での思想家と思想との関わりにはきわめて興味深いものがあるといえるだろう。

ちなみに、真の愛に対するルサンチマンを秘めた愛、隣人愛に対する人類愛などの分析は、やがて『幼児の対人関係』をはじめとする一連の心理学的研究においてさらに深められてゆくのである。

「『存在と所有』」

この文章もまた『ラ・ヴィ・アンテレクチュエル』誌の一九三六年一〇月八日号に掲載されたものであり、前年に刊行されたガブリエル・マルセル著 *Etre et Avoir* の書評となっている。

ジェラートが指摘しているように、ここで特にメルロ＝ポンティは、この書を彼自身の関心事に引き寄せて読んでいるということができる。つまり、異種の断章から構成されたこの著作の内に、彼は、人間認識の不当な切り下げを排するマルセルの姿勢を見出しているのである。従来、人間認識のモデルは〈無生気な事物に対する静観〉というものに求められており、そこにこそ、「主観－客観」あるいは「コギト－コギタトゥム」の二分法が生じる所以があった。ここでは、それを論じる哲学者自身も自己の身体を疎外していることになり、それはつまり「心－身」問題の別名であることにもなるだろう。メルロ＝ポンティは、こうした還元とそれが内包する認識論に対し、マルセルの抗議が向けられていると見るのである。

そこでこの切り下げられた認識論に対する処方箋もまた、マルセルの行なう「自己身体」や「汝」の分析の内にくみとられることになる。そしてこの方向から人間認識に接近する時には、素朴な確信の根拠はコギトではなく私の身体の意識となり、私は私の身体であるということにもなってくる。もちろんその場合は、私の身体とは、マルセル流の「私が在るところのものと持つところのものとの境目」すなわち「存在と所有との境界」として考えられねばならない。この身体は、後のメルロ＝ポンティの身体論における習慣の問題や実存と身体との関係などを考えるうえで、重要な役割を果たしうるものと思われる。

しかしまだ、自己身体や汝の分析は一般的方法の初歩的な試みでしかなく、「認識の新しい型」の手近な実例でしかない。そこからはさらに、これが現象学的な方法を介して探究の一般的な領野を開き、心のあらゆる作用へと広がってゆく必要がある。つまりは、知覚し、考え、欲し、希望し、愛し、祈るすべての行為が考察されるようにならなければならないのである。ここでもまたメルロ＝ポンティが強調しているのは、われわれにはこれまで実存を考えるための方策がなく、それを示す新しい名称が欠けていたこと、そして、今後はこうした考察をもとに「知性を装備し直し」、「自分たちの用いるカテゴリーを鋳直す必要がある」ということである。そうしたところに達するならば、先ほどの身体の条件も、さらに一般化されることによって人間の条件そのものになるだろう。「人間の条件を定義するものは、所有と存在との間のこの運動であり、このはざまなのだ。」

以上の書評においてメルロ＝ポンティがマルセルに向ける問いは、このマルセルの行なう選択が、もう少し反省によってコントロールできるのではないかという一点である。彼はマルセルの内にいま少し、擬似直観から真正な直観を区別するてだてがほしいと思っているのであり、不完全な認識からより完全な認識へと導くような道や弁証法がほしいと思っているのである。マルセルの哲学が途上にあることを捉えたメルロ＝ポンティは、彼自身が終生途上にありつづけた哲学者であった。

「J・P・サルトル著『想像力』」

この文章はサルトルの著作 *L'Imagination* の公刊に際して書かれたものであり、『ジュルナル・ド・プシコロジー・ノルマル・エ・パトロジック』誌の一九三六年一一―一二月号に掲載された。

メルロ＝ポンティのここでの努力の大半は、デカルトからベルクソンまでの諸家が唱えたイマージュ理論を次々に批判してゆくサルトルの行論を綿密に追い、そのすべてを「イマージュ概念の改革」「心理学が無批判に使用している概念の見直し」というところへ収斂させることに向けられている。後年になって次第に大きな相違を示すようになるメルロ＝ポンティとサルトルとの現象学的立場のズレも、この時点ではまだあまり表面化していないように見えるかもしれない。サルトルも当時をふり返ってこう語っているのである。「私はレヴィナスによって現象学へと赴き、ベルリンへと旅立ってそこに一年近く滞在した。私が帰国した時〔一九三四年〕、われわれ〔サルトルとメルロ＝ポンティ〕は思いがけず同じ地点にいたのである。一九三九年九月までわれわれは読書や研究にいそしんだ。同じリズムで、しかし別々に。」(『生きているメルロ＝ポンティ』)

だがここでもメルロ＝ポンティは、サルトルとともにフッサールの形相心理学や超越論的現象学を称揚しつつ、むしろそれらが「実験心理学や帰納心理学にとってかわろうとしているのではない」こと、それらが「経験を無視するためのいかなる口実でもなく、逆に経験の意味を了解するための方法である」ことの方を強調する。そしてまた、超越論的態度への移行はそう恣意的になされるものではないことを論じ、「それは、意識に対するわれわれの処遇に意識の本性そのものが逆らうからであり、われわれは心理学に対し、結局はその対象にふさわしい概念や説明様式を練りあげるよう促されるからだ」と語る。こうした微妙なニュアンスは、さらに文末のベルクソンに対する両者の評価の違いにも表われてくるが、メルロ＝ポンティが素材と形式との区別を徹底して拒否し、フッサールのヒュレーとモルフェーとの区別に対して疑義をさしはさんでいるのは、彼のその後の現象学的態度を考えるうえでも、サルトルの思考法が「透明な」ものであるとする後半の彼の批判を考えるうえでも、注目すべき事実となるであろう。

「J・P・サルトル著『蠅』」

サルトルの *Les Mouches* は一九四三年五月にガリマール書店から出版され、六月三日にシャルル・デュランの「テアトル・ド・ラ・シテ」で上演された。メルロ＝ポンティのこの一文は『コンフリュアンス』誌の同年九—一〇月号に掲載されたものである。これは『行動の構造』と『知覚の現象学』という二大主著刊行の谷間でしたためられた彼の唯一の書評であり、その執筆の動機には、単なるサルトルとの友情——メルロ＝ポンティは、翌一九四四年にサルトルの後をうけてリセ・コンドルセのプルミエル・シュペリュール担当教師となっているほど、当時は彼と近しい所にいた——のみならず、一九四一年に共に結成したレジスタンス組織「社会主義と自由」の思い出も考慮されなければならない。サルトルは「社会主義と自由」の挫折とともにこの『蠅』の執筆に打ち込むようになったのであり、「状況の共通性によって結ばれている観客に対する呼びかけ」としての戯曲を書くことに唯一の可能なレジスタンスを見出したと語っているのである。

それゆえメルロ＝ポンティは、この戯曲の中に端的に「自由」の主題を認める。だが現在のわれわれの目からすれば、彼が「自由は自然と対立する」といういかにもサルトルの「対自」を論じるのに好都合な命題を示しながら、必ずしもその方向へと論を運んでいかないところに意味を見出すこともできるだろう。「自由は、人間が安定へと向かう力を疑問に付し、ありとあらゆるものがそれぞれの目的へと向かう世界、すなわち、植物が植物の形相へ、穀物が穀物の形相へと向かうような世界から、暴力的に人間を切り離す」というそれに続く言葉は、先の「キリスト教とルサンチマン」で展開された彼岸的価値の擁護にも似て、人間的価値が生命的ピュシスを超えていることを論じる『行動の構造』の一節に照応するもののように思われる。

そしてまた、文末に呈示されたままになっている一つの問い、「批評家が人々に勧めたがらないような作品が、いかにしてひとりでに人々に受け入れられるようになるのだろうか」という問いは、結局、一九五〇年代に展開される彼の言語論へと持ち越されることになるのである。

「実存の哲学」

本文の冒頭にも記されているように、これはメルロ＝ポンティの講演記録であり、一九五九年にパリ大学都市のカナダ館で収録され、同年の一一月一七日にラジオ＝カナダの番組として放送され、彼の死後、そのカナダで刊行されている哲学雑誌『ディアローグ』の一九六六年一二月号〔五巻三号〕に掲載されることになったものである。同誌のこの号は現象学、そしてとりわけメルロ＝ポンティの特集にあてられ、そこにはメルロ＝ポンティ研究者にとっては親しいモーリス・ラグー、J・F・バンナンらの名を連ねた八つの論考が収められており、ここに訳した講演記録はその冒頭に置かれるという体裁をとっている。

一九五九年、メルロ＝ポンティは五十一歳。彼はすでに一九五二年以来コレージュ・ド・フランスの教授をつとめており、この年にはマンデス・フランスを中心とする統一社会党の結成にも、発起人の一人として加わっている。また、専門領域における活動としては、コレージュ・ド・フランスで「現象学の限界に立つフッサール」「自然とロゴス――人間の身体」という二つの講義を続けつつ、「哲学者とその影」「モースからクロード・レヴィ＝ストロースへ」の二論文を書き、マンチェスターでは「生「今日の哲学、文学および人生との関わりについて」と題する講演を、また、ベルクソン会議では「生成するベルクソン」と題する報告を行なっている。そしてフランス放送協会（R・T・F）の求めに応じて、ジョルジュ・シャルボニエから十二回にわたるインタビューを受け、さらには「社会主義の将来」と題する討論会の議長をもつとめている。

カナダ館で行なわれたこの講演は、そうした日々の活動の間に挿入して考えられるべきであろうし、またこの脂ののりきった時期のメルロ＝ポンティ自身によって再び捉えかえされた彼の初期思想を、われわれがこれまでに見てきたような当時の作品と対比させてみることには興味深いものがあるだろう。ここにはブランシュヴィック、ベルクソン、フッサール、シェーラー、ハイデガー、マルセル、サルトル、『エスプリ』誌に『レ・タン・モデルヌ』誌、そして占領、レジスタンス、マルクシズム……と、彼の青年期に関わる多くの事柄が登場し、それらが明快に、かつ謎を解き尽くされぬ程度に、きわめて按配よく語られているのである。

なお、本書に収録した初期論文が内包する言語論の萌芽的な意味について興味を持たれる向きには、拙著『メルロ＝ポンティと言語』（世界書院）を併せ読まれることをお願いしたい。

＊＊＊

本書の刊行は古田幸男先生のご厚意によって実現した。また、浅学の訳者がまがりなりにもこうした訳業にたずさわりうるのは、長年にわたりご指導をいただいている丸山圭三郎、木田元、両先生のおかげである。最後になってしまったが、この場をかりて心より御礼申し上げたい。

また訳稿の作成にあたり、貴重な助言をいただいた中央大学大学院生の小嶋洋介君、出版にあたってお世話になった法政大学出版局の皆さん、特に稲義人、松永辰郎の両氏に謝意を表したい。

加賀野井秀一

引用文献一覧

（第２論文「知覚の本性」）

Lachelier, Jules, *L'observation de Platner*, dans *Oeuvres*, Alcan, Paris, 1933, vol. II, pp. 65–104.

Lagneau, Jules, *Célèbres Leçons, Cours sur la Perception*, Nîmes, 1926.

Duret, *Les facteurs pratiques de la croyance dans la perception*, Alcan, Paris, 1929.

Duret, *L'objet de la perception*, Alcan, Paris, 1929.

Monakow, Mourgue, *Introduction biologique à l'étude de la neurologie et de la psychopathologie*, Alcan, Paris, 1928.

Piéron, H., *Le cerveau et la pensée*, Alcan, Paris, 1923, 2e éd.

Quercy, P., *L'hallucination*, Tome II, *La clinique*, Alcan, Paris, 1930.

Wallon, H., *Stades et troubles du développement psycho-moteur et mental chez l'enfant*, Alcan, Paris, 1925.

Wallon, H., *L'enfant turbulent*, *Alcan* Paris, 1925.

Gelb, Goldstein, *Psychologische Analysen hirnpathologischer Fälle*, Leipzig, 1920.

Fink, E., *Die phänomenologische philosophie Edmund Husserls in der gegenwärtigen Kritik*, dans *Kantstudien*, 38, 1933, pp. 319–383.

Husserl, E., *Ideen zu einer reinen Phänomenologie und phänomenologische Philosophie*, dans *Jahrbuch für Philosophie und phänomenologische Forschung*, 1, 1913, pp. 1–323.

Fink, E., *Vergegenwärtigung und Bild*, dans *Jahrbuch für Philosophie und phänomenologische Forschung*, 11, 1930, pp. 239–309.

Linke, *Phänomenologie und Experiment in der Frage der Bewegungsauffassung*, dans *Jahrbuch für Philosophie und phänomenologische Forschung*, 2, 1916, pp. 1–20.

Linke, *Grundfragen der Wahrnehmungslehre*, München, 1918.

Linke, *Die stroboskopische Täuschungen und das Problem des Sehens von Bewegungen*, dans *Psychologische Studien*, Engelmann, Leipzig, 1907, tome 3, p.499.

Gurwitsch, A., *Phänomenologie der Thematik und des reinen Ich, Studien über Beziehungen von Gestalttheorie und Phänomenologie*, dans *Psychologische Forschung*, 1929, pp. 279–381.

Pradines, M., *Philosophie de la sensation*, Les Belles Lettres, Paris, 1928–1932.

Helson, *Studies in the theory of perception, I, The clearness-context theory*, dans *Psychological Review*, 1932, pp. 44–72.

Köhler, W., *Gestaltpsychology*,. New York, London, 1929.

Köhler, W., *An aspect of Gestalt Psychology*, dans *Psychologies of 1925*, ed. C. Murchison, London, 1928, pp. 163–195.

Köhler, W., *Some Tasks of Gestalt Psychology*, dans *Psychologies of 1930*, ed. C. Murchison, London, 1930, pp. 143–160.

Gottschaldt, K., *Über den Einfluß der Erfahrung auf die Wahrnehmung von Figuren*, dans *Psychologische Forschung*, 8, 1927, pp. 261–317.

Sander, F., *Experimentelle Ergebnisse der Gestaltpsychologie*, Fischer, Jena, 1928.
Köhler, W., *Optische Untersuchungen am Schimpansen und am Haushuhn*, dans *Abhandlungen der Königlichen preussischen Akademie der Wissenschaften*, 1915.
Köhler, W., *Nachweis einfacher Strukturfunktionen beim Schimpansen und beim Haushuhn*, dans *Abhandlungen der Königlichen preussischen Akademie der Wissenschaften*, 1918
Koffka, K., *Perception: an Introduction to Gestalt Theory*, dans *The Psychological Bulletin*, tome 19, 1922, pp. 531–585.
Koffka, K., *Some problems of Space perception*, dans *Psychologies of 1930*, ed. C. Murchison, London, 1930, pp. 161–187.
Tudor-Hart, B., *Studies in Transparency, Form and Colour*, dans *Psychologische Forschung*, 1928, pp. 255–298.
Lavelle, Louis, *La perception visuelle de la profondeur*, Strasbourg, 1921.
Déjean, R., *Etude psychologique de la distance dans la vision*, Paris, 1926.
Ackermann, *Farbschwelle und Feldstruktur*, dans *Psychologische Forschung*, 1924, pp. 44–84.
Wertheimer, M., *Experimentelle Studien über das Sehen von Bewegung*, dans *Zeitschrift für Psychologie*, vol. 61, 1912, pp. 161–265 (*Anhang*, pp. 253–265).
Köhler, W., *L'intelligence des singes supérieurs*, trad. par P. Guillaume, Alcan, Paris, 1927.
Meili, Tobler, *Les mouvements stroboscopiques chez les enfants*, dans *Archives de Psychologie*, tome 23, 1931–1932, pp. 131–156.
Meili, *Les perceptions des enfants et la psychologie de la Gestalt*, dans *Archives de Psychologie*, tome 23, 1931—1932, pp. 25–44.
Koffka, K., *Die Grundlagen der psychischen Entwicklung*, Osterwick am Harz, 1921.
Koffka, K., *Théorie de la Forme et psychologie de l'enfant*, dans *Journal de Psychologie normale et pathologique*, tome 21, 1924, pp. 102–111.
Piaget, J., *La représentation du monde chez l'enfant*, Alcan, Paris, 1926.
Guillaume, P., *Le problème de la perception de l'espace et la psychologie de l'enfant*, dans *Journal de Psychologie normale et pathologique*, tome 21, 1924, pp. 112–134.
Wallon, H., *De l'image au réel chez l'enfant*, dans *Revue de philosophie* [?].
Wallon, H., *Les origines de caractère chez l'enfant*, Boivin, Paris, 1934.

《叢書・ウニベルシタス　252》
知覚の本性
初期論文集

1988 年 11 月 15 日　　初版第 1 刷発行
2015 年 6 月 15 日　新装版第 1 刷発行

モーリス・メルロ＝ポンティ
加賀野井秀一 編訳
発行所　一般財団法人　法政大学出版局
〒102-0071 東京都千代田区富士見 2-17-1
電話 03(5214)5540 振替 00160-6-95814
製版・印刷：平文社　製本：積信堂

Printed in Japan

ISBN978-4-588-14019-8

著　者

モーリス・メルロ＝ポンティ

（Maurice Merleau-Ponty）

1908 年生まれ．エコール・ノルマル卒業後，多くのリセーで教えるとともに，エコール・ノルマルでも教壇に立つ．戦後リヨン大学，ソルボンヌ教授を経て，1952 年コレージュ・ド・フランス教授となる．1945 年サルトルとともに雑誌『現代』を主宰し，実存主義の運動を理論的に指導したが，1952 年サルトルと決裂し同誌を去る．1961 年不慮の死．著書に『行動の構造』（1942），『知覚の現象学』（1945），『ヒューマニズムとテロル』（1947），『意味と無意味』（1948），『哲学への讃辞』（1953），『弁証法の冒険』（1955），『シーニュ』（1960），『眼と精神』（1963-4），『見えるものと見えざるもの』（1964）などがある．

編訳者

加賀野井秀一（かがのい・しゅういち）

1950 年生まれ．中央大学理工学部教授．フランス文学・思想専攻．著書：『メルロ＝ポンティと言語』，『20 世紀言語学入門』，『日本語の復権』，『知の教科書 ソシュール』，『日本語を叱る！』，『メルロ＝ポンティ 触発する思想』，『猟奇博物館へようこそ』ほか．訳書：ミシュレ『海』，ルピション『極限への航海』，プリエート『実践の記号学』（共訳），メルロ＝ポンティ『フッサール「幾何学の起源」講義』（共訳），ドゥルーズ『哲学の教科書 ドゥルーズ初期』ほか．